Ursula Seiring

DU SOLLST NICHT STERBEN

Inhalt

Mit der transsibirischen Eisenbahn
in die Vergangenheit

Die goldenen Kuppeln Moskaus leuchten in der Sonne dieses außergewöhnlichen Herbstes des Jahres 1988. Ich befinde mich auf dem Jaroslawler Bahnhof, und auf Gleis 1 steht die legendäre Eisenbahn mit der Aufschrift »Moskau – Wladiwostok« – einst die Eisenbahn des russischen Landadels. Aber viel größer war die Zahl der Deportierten, die über diesen Schienenstrang einer völlig ungewissen Zukunft entgegenrollten; Sibirien war sowohl in der Zarenzeit als auch unter Stalin ein Synonym für Deportation.

Der Name »Sibir« kommt aus der Tartarensprache und heißt: »sib« = schlafen, »ir« = Erde, also »schlafende Erde«. Vor dem Bau der Eisenbahn gab es in Sibirien nur die Schiffahrtswege auf den großen Flüssen, die alle von Süden nach Norden zum Eismeer fließen, und als Querverbindung ein paar Postwege, die nur mit der Troika – von Kosaken eskortiert – befahrbar waren. Der »Wilde Osten« war seinerzeit für Abenteurer sicherlich ein noch größeres Erlebnis als der bekannte »Wilde Westen« Amerikas.

Durch den Bau dieser mit 9300 Kilometern längsten Eisenbahnstrecke der Welt wurde die Erschließung Sibiriens überhaupt erst möglich. Dem Reisenden vermittelt eine Fahrt mit der Transsib einen Eindruck von der nur schwer vorstellbaren Weite Rußlands. Schon auf der Teilstecke von Moskau bis Irkutsk am Westufer des Baikalsees stellt er täglich ein- bis zweimal die Uhr um eine Stunde vor. Außerdem gewinnt er während der mehrtägigen Fahrt interessante atmosphärische Eindrücke.

Rußland, das war das Land meiner Kinderträume, und es war für mich romantisch und bedrohlich zugleich. Romantisch durch die Erzählungen meiner Mutter, die zwar mit ihrer Familie bis zu ihrer Verheiratung in Allenstein gelebt hatte, aber in der Kindheit und Jugend die Schulferien regelmäßig bei ihrem Onkel Georg Fahl und Tante Klara, einem kinderlosen Ehepaar, auf deren Gut Kalkowen nahe der deutsch-russischen Grenze verbrachte. Das Nachbargut gehörte einem Gutsbesitzer russischer Herkunft, beide Familien waren befreundet, meine Mutter besonders mit den beiden Töchtern Alexandra und Irina. Eine wichtige Rolle für die drei Mädchen spielte die Babuschka (Großmutter), eine sehr gebildete und elegante Dame, die herrliche russische Geschichten und Märchen erzählen konnte. Die Babuschka hatte eine sehr bildreiche Sprache und das nicht nur in Russisch, sondern genau so gut in Deutsch und Französisch.

Zu dem Rußland meiner Kinderträume gehörte jene weite Landschaft, verbunden mit einer gewissen Nonchalance und der breiten Gefühlsskala der russischen Seele. Natürlich gehörten auch die Werke russischer Komponisten und Dichter dazu.

Ernst Wiechert, ein Schriftsteller meiner Heimat, hat einmal geschrieben: »Wer über die Weichsel fährt, der fährt in den Odem Asiens ...« Ja, dieser Odem Asiens, der mich in meiner Kindheit sanft streifte, verlor alle Romantik und sollte bald, mit marxistischen Ideen befrachtet, mein Schicksal werden.

Der Anlaß zu meiner Reise ist der Wunsch, in der Einförmigkeit und Abgeschiedenheit dieser Landschaft einen schweren Lebensabschnitt meiner Jugend aufzuarbeiten. »Rossija«, so heißt der Zug der Transsibirischen Eisenbahn, in dem ein Platz für mich reserviert ist, und er fährt pünktlich um 15 Uhr Moskauer Zeit vom Jaroslawler Bahnhof ab. Diesmal werde ich nur fünf Tage und fünf Nächte im Zug

verbringen. Ich sitze am Fenster und betrachte die Landschaft, die sich in der vollen Farbenpracht des Herbstes
darstellt: Gelb-braun leuchten die Birken und bunt der
Mischwald, unterbrochen von kleinen Sümpfen und Seen
und von Zeit zu Zeit durch einen ruhig fließenden Strom.
Dazwischen pittoreske Siedlungen in der typischen Holz-
bauweise, und an den großen Flüssen große Städte und
Industriezentren.

Während draußen die Taiga vorüberzieht, steigen aus
meiner Erinnerung Bilder einer dreiwöchigen, schicksalhaften Eisenbahnfahrt auf: Bilder meiner Deportation im
Februar 1945. Völlig willkürlich und wahllos wurde damals
die Bevölkerung aus den von der Roten Armee eroberten
ostdeutschen Gebieten verschleppt.

Trotz aller Grausamkeiten und Strapazen, die uns zurückgebliebenen Zivilisten in Ostpreußen widerfahren sind, bringt
mich die Erkenntnis, daß ich mit jedem Schienenstoß tiefer
in mein Elend, in eine völlige Ungewißheit fahre, fast zum
Wahnsinn, und ich bemühe mich, völlig abzuschalten. Drei
oder vier Tage verbringe ich in einer Art Dämmerzustand,
der nur von dem täglichen Abzählmanöver im tiefen Schnee
unterbrochen wird. Dadurch werde ich auch mit Durst und
Hunger am besten fertig. Die Dunkelheit in dem Waggon
begünstigt diesen Dauerhalbschlaf; denn es gibt kein
Fenster, keine Sitzgelegenheit und auch kein Stroh in dem
Güterwagen. Rechts und links neben der Tür ist ein Zwischenboden eingelegt, aber für 50 Personen bietet der Waggon trotzdem zu wenig Platz. In den Fußboden gegenüber
der Tür ist ein quadratisches Loch geschnitten, für die
Notdurft, daneben befindet sich ein kleiner Kanonenofen
ohne jedes Heizmaterial. Jeden Morgen ist mein Mantel an
die Außenwand angefroren. Durch Krankheit und Tod wird
der Waggon leerer, und wir beginnen den Zwischenboden

zu verbrennen; denn unter den gegebenen Verhältnissen sind die Februartemperaturen des russischen Winters fast unerträglich.

Als Tagesverpflegung gibt es pro Kopf und Tag ein Stück »ßucharj«, das heißt eigentlich Zwieback; dieser wird wie folgt hergestellt: Ein Kommißbrot wird erst der Länge nach halbiert, dann jede Seite dreimal quer durchgeschnitten, das ergibt acht Portionen pro Brot. Diese Stücke sind zwecks Konservierung knochenhart getrocknet und teilweise zerbröckelt, aber zu beißen geht das ohnehin nicht, weder die Zähne, noch das blutende Zahnfleisch würden das ohne Schaden überstehen. Man bricht das Brot in kleine Stücke und läßt die Krumen im Munde aufweichen. Das ist eine tagesfüllende Beschäftigung. Noch schlimmer ist der Mangel an Flüssigkeit. Alle ein bis zwei Tage stellt man uns einen Eimer mit kaltem Wasser zum Trinken herein. Als es einmal wieder länger gedauert hat, und der Durst unerträglich wird, rufen wir nach Wasser. Dann bringt uns der Wachposten Wasser aus der Maschine und sagt grinsend: »Da ist ›tschaj‹ (Tee).«

Eines Tages entdecke ich über meinem Liegeplatz an der rechten Waggonwand eine Einschußstelle, ein Fünfmarkstück großes Loch. Wenn ich ganz nahe mit dem Auge herangehe, kann ich einen kleinen Ausblick gewinnen: Schneelandschaft, unendliche Schneelandschaft, und wenn einmal ein Bahnhof mit einem Ortsschild auftaucht, dann sagt uns das auch nichts; denn niemand von uns kennt die kyrillische Schrift.

Das erste russische Wort, das ich lerne, ist »ßorokwoßemj«, niemand von uns weiß, was das heißt. Jeden Morgen öffnet ein Wachposten die von außen verschlossene Tür und brüllt etwas in unseren Waggon. Da wir ihn nicht verstehen und daher auch nicht antworten können, werden wir alle herausgeworfen und fallen draußen in den hohen Schnee. Noch schlimmer aber ist es, wieder in den Waggon hineinzukommen, wir schaffen es nicht mehr aus eigener Kraft, die Höhe des Waggonbodens zu erklimmen. Der Nebenwaggon, überwiegend mit polnischen Frauen besetzt, ruft das genannte Zauberwort und wird in Ruhe gelassen. Also tun wir das künftig auch – mit gleichem Erfolg. Während der langen Fahrt wird in unserem Waggon ein Kind geboren; denn auch hochschwangere Frauen entgingen nicht der Deportation. Dieses Ereignis erschüttert mich unsagbar; diese Frau will alles auf sich nehmen, um für ihr Kind am Leben zu bleiben und hofft, mit diesem einmal nach Deutschland zurückkehren zu können. Ich schäme mich ob meiner Resignation, mir wird plötzlich klar, daß in diesem Zustand, in welchem es für uns weder Gesetz noch Recht gibt, Resignation nur die Willkür der über uns Macht habenden herausfordert. Jetzt wünsche ich mir die Kraft, den anderen Frauen Mut zum Überleben zu geben, wie sie mir von dieser jungen Mutter vermittelt wurde.

Als wir auch an diesem Tage die Frage des Wachtpostens wie geübt beantworten, flucht dieser schrecklich und wirft uns – Mutter und Kind ausgenommen – wieder alle aus dem Waggon. Unser »Zauberwort« heißt nämlich nichts weiter als »achtundvierzig«. Achtundvierzig Frauen sind wir längst nicht mehr im Waggon. Aber der Zugang durch das Baby deckt unsere Fehlinformation auf.

Nach achtzehn Tagen endet diese Fahrt, und wir werden in offene Torfloren einer Feldbahn verladen. Auf dem Boden der Torflore ist nasser Torfgrus gefroren, und die Wand des Feldbahnwagens reicht mir bis zur Achselhöhle. Damit fahren wir durch die klare, kalte russische Winternacht. Ich kann diese Fahrt nicht nach Stunden angeben, aber es ist eine der längsten Nächte meines Lebens. Die Kälte, verstärkt durch den Fahrtwind, verursacht unbeschreibliche Schmerzen, besonders im Bereich des Kopfes. Einige von uns haben in dieser Nacht solche Erfrierungen erlitten, daß ihnen Finger oder Zehen, ja sogar Unterschen-

kel amputiert werden müssen. Ich habe besonders ein zwölf-
jähriges Mädchen in Erinnerung, dem beide Unterschenkel
amputiert wurden.

Unsere Lager gibt es nicht mehr, unsere Toten sind inzwischen Teil der Taiga geworden, und ich durfte überleben.
Ein Schauder überkommt mich. Mir fallen Äußerungen
unserer kriegsgefangenen Soldaten ein: »Eins wissen wir, bei
einem Friedensvertrag fragt man nach den Kriegsgefangenen, aber nach Euch Verschleppten kräht kein Hahn.« Wie
recht sie hatten! Wer hat denn bisher nach unseren toten
Frauen in den sowjetischen Massengräbern gefragt? Über
ihre Gräber ist, im wahrsten Sinne des Wortes, Gras gewachsen.

Wie friedlich das Land vor mir liegt, doch ich kann mich
der Tränen nicht erwehren. Man sagt, daß die Zeit Wunden
heilt, aber mit den unvermeidlichen Narben muß man leben
lernen, auch mit den noch immer schmerzenden Narben.

Wie alles begann

Die Dämmerung bricht über Ostpreußen herein, Unruhe und Hektik sind einer Totenstille gewichen. Das ist die Ruhe des Niemandslandes. Das Licht der kalten, verschneiten Januarnacht dieses Schicksalsjahres 1945 läßt die Landschaft wie unter einem Leichentuch erscheinen. Selbst die Tiere scheinen dies zu spüren; ich sehe keine Fährte, nur ein paar Vogelspuren in dem sonst so wildreichen Wald. Ein Gefühl von Ewigkeit überkommt mich. Ich höre meinen eigenen Atem und die Schritte der Pferde. Mein Vater begleitet mich, wir haben keinen weiten Weg vor uns, das Ziel ist das etwa acht Kilometer entfernte Nachbargut Schwengen. Dies liegt in einem 5000 Hektar großen Waldgebiet, fernab von den großen Straßen, auf denen sich jetzt der grauenvolle Krieg abspielt. Von klein an verbinden mich ein großes Vertrauen und eine tiefe Liebe mit meinem Vater. Jetzt sprechen wir kaum ein Wort, böse Ahnungen hinsichtlich der nahen Zukunft beschäftigen uns. Für das, was vor uns liegt, gibt es weder Rat noch Patentrezepte.

Wie hatte es so weit kommen können? Die Front war allmählich nähergerückt. Seit dem Spätsommer 1944 war unser Gut davon direkt betroffen. Die Sowjets setzten nachts kleine Gruppen von fünf Mann in deutschen Uniformen über unserem Wiesengelände ab. Sie waren mit kleinen Sendern ausgerüstet und verschwanden in dem angrenzenden großen Waldgebiet.

Im Oktober 1944 war die Rote Armee schon einmal in Nordostpreußen eingedrungen, der Name »Nemmersdorf«

steht für unbeschreibliche Greuel. Sollte bei dem Massaker wirklich kein Mensch entkommen sein? Die NS-Propaganda hatte so viel gelogen, warum sollten wir dieses glauben? Und außerdem, was konnte die Konsequenz daraus sein? Unerlaubte Evakuierung oder Flucht war mit der Todesstrafe durch ein Standgericht bedroht. Ein Einzelner hätte sicherlich unentdeckt verschwinden können, aber läßt man eine Notgemeinschaft, wie sie unser Gut jetzt darstellte, so einfach im Stich? Ich war im eigenen Betrieb kriegsdienstverpflichtet, da wir kaum noch deutsche Arbeiter hatten, nur alliierte Kriegsgefangene und deutsche Kriegsversehrte. Die grenznahen Güter und Höfe unserer Provinz waren planmäßig geräumt worden, darunter auch die Domäne meines Onkels, Wittinnen bei Lyck. Seine Leute und ein großer Teil seines Vieh- und Pferdebestandes waren bei uns untergebracht. Frauen mit kleinen Kindern und Evakuierte, die aus den bombengefährdeten Gebieten Westdeutschlands hier in Sicherheit gebracht worden waren, wurden systematisch aus Ostpreußen herausgebracht. Aber die Guts- und Bauernhöfe im Inneren der Provinz durften nicht verlassen werden, sie mußten die durchziehenden Trecks aufnehmen und versorgen.

Wegen der zuvor beschriebenen Aktionen des sowjetischen Nachrichtendienstes auf unserem Gelände bezog im Dezember 1944 eine deutsche Sondereinheit bei uns Quartier. Dem leitenden Offizier stand ein Fieseler-Storch, ein kleines, auf kürzester Bahn startbares Flugzeug, zur Verfügung, das auf dem Flugplatz Allenstein stationiert war. Für den Notfall wurde mir darin ein Platz, ohne Gepäck, bereitgehalten.

Erst am 22. Januar 1945 erhielten wir unseren Räumungsbefehl, richtiger gesagt, unsere Räumungserlaubnis. Jetzt erst durfte sich der schon seit Dezember heimlich vorbereitete Gutstreck in Richtung Westen in Bewegung setzen. Jede Familie hatte einen großen Wagen und zwei Pferde von

meinem Vater bekommen, ihr stand auch frei, sich abzuset-
zen, wann und wo sie wollte. Wir persönlich beanspruchten
für uns auch nur einen Wagen, aber dazu kamen noch
Wagen mit Futter für die Pferde – es war ja Winter – und
Reservepferde. Allenstein war schon von der Roten Armee
eingenommen worden, der Fieseler-Storch war bereits in
sowjetischer Hand. Die Straßen waren durch das zurückflu-
tende Heer so verstopft, daß wir einen halben Tag brauch-
ten, um uns zwischen zwei Militärformationen auf der
Hauptstraße einordnen zu können. Dann wurde nach einigen Kilometern einer unserer Wagen abgedrängt und landete
mit Achsenbruch im Graben. Vater mußte beim Treck bleiben, sonst wären alle im Graben gelandet. Daher ritt ich mit
zwei ehemals kriegsgefangenen Russen querfeldein zu unserem Gehöft, um einen neuen Wagen zu holen. Vom Treck
meines Onkels waren viele Leute auf eigenen Wunsch in
Schönwiese geblieben; sie saßen ziemlich deprimiert zusammen, konnten sich aber auch jetzt nicht entschließen mitzu-
kommen. In der Diele saß mein Neufundländer und glaubte
noch immer das Haus bewachen zu müssen. Es war ein
schwerer Abschied, dann brachte ich ihn zu den Wittinner
Leuten. Inzwischen war der Ersatzwagen fertig, und ich
kehrte mit den beiden Russen, sehr zuverlässigen Männern,
zu unserem Treck zurück. Nach drei Tagen blieben wir
zunächst auf dem Gutshof von Bekannten kurz vor Mohrungen, weil im Raum Elbing eine Panzerschlacht im Gange
war. Danach war der letzte Weichselübergang in sowjetischer Hand, die Rote Armee stand bereits am Frischen Haff.
Damit war Ostpreußen mit einem großen Teil seiner Bevölkerung sowie den Resten der hier eingesetzten deutschen
Armee und vielen Kriegsgefangenen der Alliierten von der
Roten Armee eingeschlossen. In dieser ausweglosen Situation entschlossen wir uns zur Rückfahrt. Abwechselnd führten Vater und ich unseren Wagen, der den Treck anführte.
Noch immer fluteten die Reste des geschlagenen deutschen

Heeres in Richtung Westen. Immer wieder kommen Soldaten auf unseren Wagen zu, um mir mitzuteilen, daß hinter ihnen die Rote Armee komme. Entsetzen in den Gesichtern, wenn sie hören: »Hinter uns auch!« Sie wußten noch nicht, daß sie eingeschlossen waren. Worte wie »zweites Stalingrad« fielen. Unsere Situation wurde immer bedrohlicher. Wenn Panzer auftauchten, wußten wir nicht, ob es Freund oder Feind war. Wir wollten nur noch aus der verzweifelten, teils panischen Menschenansammlung heraus und, wenn es denn sein muß, in Schönwiese sterben. Als wir das große Waldgebiet hinter uns hatten, konnten wir schon Schönwiese sehen, es war in einen großen Feuerschein eingehüllt. Beim Näherkommen erkennen wir viele Einzelbrände um das Gehöft herum; die deutsche Wehrmacht hatte die Lebensmitteldepots geräumt und verbrannt. Als ich fragte, wovon wir dann leben sollten, erhalte ich die Antwort: »Die Sowjets lassen Ihnen sowieso nichts.« Ich fühlte mich in vergangene Jahrhunderte versetzt.

Seit diesem Fluchtversuch sind erst wenige Tage vergangen, aber es erscheint mir, als lägen Monate dazwischen. Inzwischen sind wir in Schwengen angekommen, wo uns Herr Hoppe, der Besitzer des Gutes, und seine Haushälterin Frau Parschau erwarten. Vater kehrt sofort zurück, um mit meiner Mutter und unseren Leuten in den nächsten Tagen ebenfalls in Schwengen Zuflucht zu suchen. Aber dazu wird es nicht mehr kommen, das wissen wir zu diesem Zeitpunkt noch nicht. In Schwengen hat auch eine Gruppe von zwanzig Personen, fast ausschließlich Frauen aus der nahen Kleinstadt, Schutz gesucht. Darunter sind auch zwei Schulkameradinnen von mir, Eva und Annemarie, mit ihren Eltern. Außerdem bezieht noch kurz nach mir schwere deutsche Artillerie mit drei Geschützen und fünfzehn Schuß Munition in Schwengen Stellung.

Als ich am nächsten Morgen herunterkomme und den

Kompaniechef, Oberleutnant in der Beek, nach der Lage frage, zögert dieser mit der Antwort, dann schaut er krampfhaft auf die vor ihm liegende Karte und sagt: »Der Gegner steht auf Höhe 110 (oder 112).« Damals kannte ich den Ort und die Bezeichnung genau, es ist mein Elternhaus, das unter dieser Ziffer in den Militärkarten eingezeichnet ist. Noch während wir sprechen, kommt per Funkspruch der Schießbefehl auf mein Elternhaus. Herr in der Beek zögert noch eine knappe halbe Stunde, unentwegt laufe ich vom Wohnhaus zum nahen Waldrand; ich glaube schon unseren Treck zu hören, aber mein sehnlichster Wunsch täuscht mein Wahrnehmungsvermögen. Aus Schönwiese kommt niemand mehr, weder meine Eltern noch unsere Leute und auch keine Nachricht. Dann wird der Schießbefehl durchgeführt. Ob meine Angehörigen noch leben? Uns trennen Welten!

Danach zieht die Artillerieformation ab, Herr in der Beek will mich mitnehmen, aber der letzte deutsche Heeresbericht sagt, daß die Sowjetarmee schon Küstrin an der Oder erreicht hat. Die letzten Bilder des in Auflösung begriffenen, zurückflutenden deutschen Heeres sind nicht dazu angetan, mit der Truppe mitzufahren. Und außerdem, wir sind doch eingekesselt; also wohin, wozu?

Herr in der Beek ist bei Mohrungen in Ostpreußen gefallen, in seinem letzten Brief hatte er seiner Schwester meinen Namen genannt, die mich über das Deutsche Rote Kreuz suchen ließ.

In der kommenden Nacht klopft nochmals ein deutscher Offizier mit einer Kompanie Soldaten in Schwengen an, um sich nach dem Weg zu erkundigen; die meisten Wegweiser in unserem Gebiet waren vor dem Rückzug der Wehrmacht falsch ausgerichtet worden. Er ist sichtbar erschrocken, als er uns Frauen sieht; die Soldaten waren dahingehend informiert, daß die ostpreußische Bevölkerung ordnungsgemäß evakuiert worden sei.

Gegen Morgen erfolgt noch ein Artilleriebeschuß, die meisten Granaten fliegen über uns hinweg. Einige Zeit später treffen dann die ersten sowjetischen Soldaten ein.

Wir wenigen zurückgebliebenen Frauen haben uns in ein Zimmer im ersten Stock des Hauses zurückgezogen. Ohne ans Fenster zu treten, sehen wir die Rotarmisten auf unser Haus zukommen. Einige sind dann sehr bald in unserem Zimmer. Ihre Gesichter sind von Angstschweiß und angestrengter Wachsamkeit gezeichnet. Man hatte ihnen gesagt, daß wir alle Partisanen seien; Werwolf nennen sie uns, was wir zunächst gar nicht verstehen. Nachdem sie uns die Uhren, wo vorhanden auch Trauringe und Schmuck abgenommen haben, durchsuchen sie das Haus. Ein Posten bleibt im Raum und bewacht den einzigen Zimmerausgang; ein Entfliehen ist nicht mehr möglich. Bei der allgemeinen Plünderurng entdeckt man auch den Weinkeller des Hauses, der in verantwortungsloser Weise nicht geräumt war. Dann kommen einige Rotarmisten in unser Zimmer. Ich sehe, wie sie Annemarie die Bluse aufreißen und andere Frauen grob belästigen. In dem allgemeinen Durcheinander, der Posten steht auch nicht mehr vor der Tür, zwinge ich mich zu größter Ruhe und kann unbeachtet das Zimmer verlassen. Danach laufe ich durch das Haus und treffe Frau Parschau. Ich frage sie, wo ich mich verstecken kann. Sie nennt mir eine Falltür in der Diele. Ich finde diese und lande in einem dunklen Keller, zur Hälfte mit Kartoffeln gefüllt, aber ohne einen weiteren Ausgang. Ich höre das Laufen der Soldaten, das Klappern der an den Karabiner schlagenden Gasmasken. Vereinzelt laufen sie sogar über meine Tür. Ich habe unsagbare Angst. Das hört man doch, wenn man über einen Hohlraum geht, aber inzwischen sind die sowjetischen Soldaten wohl so betrunken, daß dies ihrer Aufmerksamkeit entgeht. Ich habe mich vor Angst und Verzweiflung in die Kartoffeln eingegraben, dann wird es allmählich still im Hause. Irgendwann in der Nacht wird es nochmals lebhaft, aber das sind keine Militärstiefel, es wird wieder ruhig, und ich schlafe erschöpft in meinem Versteck ein.

Als am nächsten Morgen sich die Tür hebt und Herr Hoppe »Fräulein Ursula« ruft, brauche ich eine kleine Weile, um die Ängste abzulegen und heraufzugehen. In der Nacht waren weitere Flüchtlinge in Schwengen eingetroffen. Das waren die Geräusche, die ich zwischendurch gehört hatte. Eine junge, sehr blasse und elende Frau mit einem etwa dreijährigen Kind fällt mir auf. Ich setze mich zu den beiden auf den Boden, und um etwas zu sprechen, erkundige ich mich nach dem Kind. Mit vor Leid erstarrtem Gesicht berichtet sie, daß sie zwei Kinder hatte. Das jüngere, etwas über ein Jahr alte, war schwer erkrankt; es bestand keine Hoffnung, daß es überleben würde, da habe sie es im Wald unter eine Tanne gelegt; denn zwei Kinder konnte sie nicht mehr tragen. Vor Schreck bin ich fast zurückgewichen; ich habe zunächst große Mühe, meine Betroffenheit zu verbergen. Dann aber tut sie mir unendlich leid; wohl dem, dem das Schicksal nie eine solche Entscheidung abverlangt. Wir werden sehr schnell jedes weiteren Gesprächs enthoben; ein neuer Trupp Rotarmisten fällt in unser Haus ein. In den Keller kann ich nicht mehr, eine alte Frau wirft mir einen bodenlangen alten Rock und ein schwarzes Kopftuch zu. Beides ziehe ich über und lege mich zwischen die anderen Flüchtlinge auf's Stroh, in welchem ich mein Gesicht verberge. Im Nebenzimmer hört man, daß Porzellan zerschlagen und auch geschossen wird. Dann kommt der Trupp mit dem Anführer, wohl ein Unteroffizier, in unser Zimmer. Es dauert nur eine kurze Zeit, dann kommt er zu mir und schreit: »Aufstehen!«. Ich versuche Zeit zu gewinnen und ihn nicht zu verstehen. Nach einigem Hin und Her reißt er mich am Arm in die Höhe und das Kopftuch vom Kopf. Ich sehe noch sein sadistisches Lachen; dann schlägt er mir mitten ins Gesicht und ruft einen ganz jungen Soldaten herbei, der mich in ein anderes Zimmer bringt. Die Situation

19

ist ziemlich eindeutig, und ich bekomme plötzlich einen wahren Weinkrampf. Außerdem habe ich heftiges Nasenbluten. Der etwa 16- oder 17jährige Soldat steht hilflos da und hält sich krampfhaft an seinem Karabiner fest, schließlich verläßt er unter russischen Flüchen das Zimmer. Dann zieht der Trupp ab. Der Vater meiner Schulkameradinnen, der in »meinem« Keller Zuflucht gesucht hatte, ist entdeckt und erschossen worden. Er ist der erste Tote, aber er bleibt nicht der einzige.

In dieser Situation nimmt man materielle Verluste gar nicht mehr zur Kenntnis. Auch das Empfinden für Zeit geht weitgehend verloren, und die Todesangst weicht der Sorge um die Todesform. Ich weiß nicht genau, wieviel Tage dieses Inferno währte, es können fünf Tage gewesen sein. Was in diesen Tagen aufging, war die Saat, die Hitler und seine Schergen gesät hatten. Ihre Verbrechen werden hier vergolten. Ostpreußen ist das erste Land, in dem die Rote Armee deutschen Boden betritt. Allein die Tatsache, daß wir Deutsche sind, rechtfertigt für unsere Peiniger jede Folter, jeden Mord. Woher kommt nur die Kraft, solche Qualen zu überstehen? Ich möchte jetzt nicht im einzelnen das ganze Schreckenszenarium wiedergeben, das ist zu schwer; ich habe verziehen und möchte um meines inneren Friedens willen am liebsten vergessen. Der Vollständigkeit halber will ich aber den letzten Tag vor meiner Deportation beschreiben.

Er beginnt relativ ruhig. Frau Parschau hat irgendeinen Eintopf gekocht, vermutlich Kartoffeln, sonst ist ja nichts mehr vorhanden. Die beiden Schulkameradinnen und ihre Mutter habe ich aus den Augen verloren; man weiß ja nicht, was ein paar Zimmer weiter geschieht. Die Suppe steht auf dem Tisch, als wieder ein Trupp Rotarmisten ins Haus kommt. In einer Ecke des Raumes stehen zwei Bettgestelle mit alten Federbetten darin. Es gibt kein Entfliehen mehr, und ich springe zwischen diese Federbetten. Zwei alte

Frauen setzten sich auf meine Bettkante. Der Raum war einmal der Salon des Hauses gewesen mit großen schlanken Sprossenfenstern und langen schmalen Spiegeln an den Wänden. Ein sowjetischer Offizier kommt herein, betrachtet sich in den Spiegeln und tut in gebrochenem Deutsch seine Bewunderung über das gute deutsche Leben kund. Bei jeder Runde, die er im Zimmer geht, schlägt er mit einer Reitpeitsche auf die Federbetten und fordert die beiden Frauen auf, zum Essen an den Tisch zu gehen. Schließlich können sie sich der Aufforderung nicht mehr entziehen, wenn ihr Verharren auf der Bettkante nicht Mißtrauen wecken soll. Daraufhin setzt sich der Offizier auf die Bettkante. Ich wage kaum noch zu atmen, da werden Sekunden zu Stunden. Schließlich hebt er eine Ecke der Bettdecke hoch und sieht meine Füße. Er nimmt seine Pistole und schießt in das zweite Bett, wo gottlob niemand drin ist. Wer sich versteckt, hat Schuld auf sich geladen. Er ruft drei Soldaten herbei, die mich abführen. Ich will die Frauen noch bitten, meine Eltern zu verständigen. Dazu komme ich nicht mehr, die Kolbenschläge machen mich etwas benommen. Es gibt Situationen im Leben, in denen der Tod ein guter Freund ist. Er macht so unendlich frei, er befreit uns von dem geschundenen und gedemütigten Körper. Ich empfinde die Wand in meinem Rücken als Schutz. Völlig unzusammenhängende Bilder tauchen vor meinem geistigen Auge auf, so als liefen zwei verschiedene Filme gleichzeitig ab. Der eine gespeist von der äußeren Wahrnehmung, dazu gehören drei sowjetische Soldaten mit jeweils einer auf mich gerichteten Kalaschnikow und der unentwegt auf mich einredende NKWD-Offizier; der andere Film zeigt Bildfetzen aus meinem Leben: Schönwiese, die Eltern, …

Beides ist unendlich weit weg von mir und hat gar nichts mehr mit mir zu tun. Plötzlich geht das Exekutionskommando weg, der NKWD-Offizier ist nicht mehr zu hören, er ist fort. Ist schon alles geschehen?

Ein pferdebespannter Wagen rollt auf das Gutshaus zu, zwei andere sowjetische Truppen-Offiziere steigen aus. Der eine spricht mich in perfektem Deutsch an: »Mein Wort als russischer Offizier, Ihnen passiert nichts.« Worthülsen, deren Inhalt ich kaum aufnehme, geschweige denn glaube. Seiner Aufforderung, ins Haus zu kommen, kann ich gar nicht folgen, ich empfinde überhaupt nicht meinen Körper, es ist alles so unwirklich. Er ergreift meinen Unterarm und zieht mich vorsichtig von der Wand weg. Nun geht es ja doch, automatisch folge ich den beiden in das Haus. Sie nehmen auf einem frei im Raum stehenden Sofa Platz, dahinter liegt eine Matratze. Ich lege mich in Bauchlage darauf und hoffe, daß sie mich vergessen haben. Von meinem Lager aus kann ich ein Fenster sehen. Plötzlich sehe ich hinter der Fensterscheibe einen Mann in grüner Uniformjacke. Ich sehe nur sein Gesicht und eine Schulter. Dieser Rotarmist hatte mir schon einmal das Sterben versprochen. Dann soll er unseren Oberförster erschossen haben und trägt nun dessen Uniformjacke. Ich bin aufgesprungen, stehe mitten im Raum und schreie unartikuliert. Der deutschsprechende Offizier steht plötzlich neben mir, er beruhigt mich und fragt, wann ich zuletzt gegessen habe. Das weiß ich nicht zu beantworten. Er hat die Situation wohl völlig richtig erkannt. Er läßt mir eine dicke Schnitte Brot mit Butter und dick Zucker darauf, dazu ein Wasserglas mit Rotwein bringen. Inzwischen hat er die im Raum verstreuten Photos aufgesammelt. Er erkennt mich auf jedem Photo und steckt alle in einen kleinen Koffer. Dann fragt er mich, warum ich hier sei, dies sei doch die Hauptkampflinie. Ich habe plötzlich Vertrauen zu ihm und sage, daß ich acht Kilometer weiter östlich zu Hause sei. Ein Weilchen später kommen eine Gruppe junger Frauen mit Säuglingen und Kleinkindern und ein paar ältere Frauen vorbei. Sie sind aus einem Dorf der Umgebung ausgewiesen worden. Der Offizier läuft heraus und hält die Frauen an, dann kommt er zu mir und rät mir, mich warm anzuziehen. Ein Innenpelz von mir ist erstaunlicherweise noch vorhanden, mit Schuhzeug sieht es schon schlechter aus. In der Diele liegen lauter einzelne Lederhandschuhe herum, ich bücke mich nicht einmal danach. Ich kann mir nicht vorstellen, je im Leben wieder Lederhandschuhe zu tragen. Er zieht seine gefütterten Handschuhe aus und streift sie auf meine Hände. Sie sind ein bißchen groß, aber warm. Inzwischen ist der kleine Koffer mit den von ihm zusammengelesenen Sachen für mich verschwunden. Draußen fährt ein Panjewagen fort, er läuft raus und bringt den Koffer wieder. Dann zieht er mir die Kapuze tief ins Gesicht. »Die Augen sind zu jung«, sagt er und hätte mir die Kapuze am liebsten noch über die Augen gezogen. Jetzt setzt sich die kleine Gruppe mit mir in Bewegung. Der Offizier und sein Leutnantskollege folgen uns eine längere Zeit. Wir erreichen den Wegweiser »Eiserne Hand« mit den Richtungsangaben »Zwei Teichen«, das ist die nächste Försterei, und »Schönwiese«, wo wir hinwollen. Die beiden Offiziere fahren nach »Zwei Teichen« ab, wir gehen in Richtung »Schönwiese«. Bisher hatten wir nicht bemerkt, daß noch drei sowjetische Soldaten hinter dem Wagen gingen. Diese überholen uns jetzt, gehen auf Schußentfernung und stellen sich einer rechts, einer links und einer in die Mitte des Weges. Es liegt Neuschnee und es ist eine klare Mondnacht, jeder Fluchtversuch also sinnlos. Wenn zwanzig Menschen erschossen werden – so wurde es durchaus praktiziert –, dann möchte ich lieber der erste als der letzte sein. Daher gehe ich ruhig weiter, die anderen folgen. Als wir vor den Soldaten sind, nimmt der mittlere mir den Koffer ab, weiter geschieht nichts, und wir setzen unseren Fußmarsch fort. Beim Erreichen des Waldrandes bietet sich ein unheimliches Bild. Auf der etwa anderthalb Kilometer entfernten Straße rollt der sowjetische Nachschub; man hört die schweren Panzer. Mehrere Gehöfte brennen, Vieh brüllt, und auf dem Weg vor uns sehen wir jede Menge Kriegsgerät,

Menschenleichen und tote Pferde. Ich will nicht weitergehen, sondern den nächsten Morgen im Walde abwarten. Aber dann erinnern mich die Frauen daran, daß ich gesagt hatte: »Wenn ich noch ein Zuhause habe, dann haben sie es auch«, und wider besseres Wissen gehe ich weiter. Wir haben schon die ersten Häuser des Dorfes Schönwiese erreicht, ich kann schon die Hauptstraße sehen, an der eine größere Gruppe Menschen steht, ich denke dabei an bewachte deutsche Kriegsgefangene oder sowjetische Soldaten. Beiden zu begegnen wäre nicht gut. Ich springe in den Mondschatten eines Hauses, die Frauen reagieren nur langsam, und da werden wir schon gesehen. Sowjetische Soldaten nehmen die auf dem Weg stehenden Frauen fest und finden auch mich. Dann sind wir mit in der bewachten Gruppe, es sind alles Zivilisten, die man in der Nacht aus den Betten geholt hat; deutsche Frauen, Kinder und alte Männer sowie ehemalige alliierte Kriegsgefangene. Unter »bistra, bistra« und »dawai, dawai« – wer die Aufforderung nicht versteht, wird mit dem Gewehrkolben zum schnellen Gehen ermuntert – werden wir in ein Haus am anderen Ende des Dorfes gebracht. Dort wird nur die Anzahl registriert. Wir werden in einen Raum unter dem Dach des Hauses gesperrt, wo sich schon eine Anzahl anderer Zivilisten befindet. Wieviel Menschen sich in den anderen Räumen befinden, weiß ich nicht. Trotz Kinderweinen, stickiger Luft und auf der Straße grölender und in die Luft schießender sowjetischer Soldaten schlafe ich vor Erschöpfung ein. Als ich im Morgengrauen aufwache, kann ich vom Giebelfenster aus mein Elternhaus sehen. Ein Mitgefangener gibt mir einen Bleistift, so daß ich eine Nachricht und meinen Namen in einen Balken schreiben kann. Vielleicht findet jemand diese Mitteilung und verständigt meine Eltern, wenn sie noch leben.

Am frühen Vormittag werden Frauen mit kleinen Kindern zur Wache gerufen, sie sollen entlassen werden. Eine Frau hat fünf Monate alte Zwillinge; sie will mich mitnehmen, indem sie mir ein Kind in den Arm legt. Schade, daß von der großen Hilfsbereitschaft in der Not im normalen Leben so wenig erhalten bleibt. Ich nehme das gutgemeinte Angebot nicht an, wir sind jetzt doch der Willkür der Eroberer völlig ausgeliefert; vielleicht werden wir schon auf der Wache getrennt oder auf dem Weg zu meinem Elternhaus, und dann kann ich die Verantwortung für ein Kind nicht übernehmen. Auf den Rand einer alten Zeitung schreibe ich eine Mitteilung an meine Mutter und bitte um Schuhe und Wäsche. Zugleich flehe ich sie aber an, nicht selbst zu kommen. Diesen Zettel nehmen die Frauen mit. Ich sitze dösend und leise weinend auf dem Boden, den Rücken an einen Pfosten gestützt. Plötzlich ruft eine Stimme: »Ulli!« So nannten mich nur Menschen, die mir sehr nahe standen. Ich schrecke hoch und sehe mitten im Raum unter den Gefangenen meine Mutter stehen. Frau Sett begleitet sie, meine Mutter lebt bei unseren Arbeiterfrauen, die sie schützen und rührend betreuen. Sie sieht sehr elend und krank aus. Von den Männern war niemand mehr auf unserem Gehöft; Vater war auch schon abgeholt worden. Vor unserer Tür steht zu dieser Zeit ein alter Sibirier Posten. Als Mutter wieder fortgeht, fragt er in gebrochenem Deutsch: »Dein Kind? Wenn Du es noch einmal sehen willst, komm wieder, ich stehe bis zwei Uhr (14.00 Uhr) hier.« Meine Mutter kommt wieder, diesmal mit Frau Fahl; diese ist entschlossen, statt meiner die Deportation auf sich zu nehmen. Ihr Mann war gefallen, Kinder hatte sie nicht. Das ist natürlich nicht möglich, Gott sei Dank, ich wäre meines Lebens nicht mehr froh geworden; unseren Leidensweg und unseren Tod müssen wir schon selbst durchstehen. Meine Mutter will unbedingt mitkommen. Ich habe große Mühe, sie zu überzeugen, in Schönwiese zu bleiben, sie müsse doch auf uns warten, falls Vater oder ich heimkommen. Bei diesem Gespräch steht Mutter mit dem Rücken zu dem sibirischen Posten, ich kann dem Mann ins Gesicht sehen: Und um dem Ganzen Nachdruck zu verleihen, sage ich weiter, daß jetzt der Krieg ja bald zu Ende sein werde, und dann komme ich ja heim. Der Sibirier sieht mich traurig an und schüttelt den Kopf. Mutter hat es Gott sei Dank nicht gesehen.

Der Fußmarsch nach Zichenau (Ciechanów)

Am Nachmittag des 2. Februar 1945 beginnt unser Fußmarsch, dessen Ziel wir nicht kennen. Zunächst nur bis Guttstadt, dort sperrt man uns am Rande der Stadt in kleine Stallgebäude wie zur Kleintierhaltung ein. Es wird schon dunkel, ich habe nur ungenaue Erinnerungen an dieses Nachtquartier. Bei Sonnenaufgang des nächsten Tages müssen wir draußen antreten, es weht ein eisiger Morgenwind. Der Winter 1944/45 war besonders kalt, und bekanntlich sind die Temperaturen bei Sonnenaufgang am niedrigsten, etwa minus 15 bis minus 20 Grad. Aber das wird noch um 20 Grad kälter, je weiter wir nach Osten kommen. Wer Hitlers oder Stalins Menschenjagd und Todeslager kennt, kann ermessen, was es bedeutet, so brutale, fremde, erdrückende Gewalt zu erleiden. Besonders für Frauen ist das ein tief einschneidendes psychisches Trauma, das auch den ganzen Körper mit all seinen Lebensfunktionen erfaßt. Mehrere Hundertschaften Gefangener werden vorbeigeführt. Plötzlich sehe ich in der Menge einen auffallend großen Gefangenen, er ist so elend, daß ich ihn kaum erkenne – es ist mein Vater. Ich habe wohl aufgeschrien und meine Hand gehoben, der neben mir stehende Herr drückt mich geistesgegenwärtig herunter, so daß der Gewehrkolben des Wachpostens meinen Kopf nicht trifft. Noch zwei bis drei Hundertschaften gehen an uns vorüber, dann sind wir dran. Man geht immer in Fünferreihen, ich bin zufällig außen. Es hat sich schnell herumgesprochen, daß sich weiter vorn mein Vater unter den Gefangenen befindet. Als der Posten gerade nicht neben mir ist, zieht man mich wortlos in die Mitte der Reihe, dann tritt jeweils mein Vordermann zurück, so daß ich immer eine Reihe vorrücken kann. Kurz vor Erreichen des Tageszieles bin ich bis zu meinem Vater vorgedrungen und lege stumm meine Hand in die seine. Nach Minuten des Schweigens frage ich meinen Vater: »Hat man Dich geschlagen?« Es verneint dies, aber damit will er mich wohl nur schonen. Beim obligatorischen Halt vor Erreichen des Nachtquartiers gibt uns jemand ein Stück Brot, wir besitzen gar nichts. Bevor wir es teilen können, schlägt mir der Posten mit dem Gewehrkolben auf die Hände, so daß das Brot zu Boden fällt, und tritt mit dem Fuß darauf. Ich sehe Vater empört aufspringen und habe furchtbare Angst, daß er erschossen wird. Dieses Elend ist für mich noch schwerer zu ertragen, wenn ich es mit einem Angehörigen teilen muß. Der Lebensweg meines Vaters, Franz Benediktus Goldau Schönwiese, ist mit diesem Schicksal nicht in Einklang zu bringen. Er hatte seinen Militärdienst bei dem Regiment Garde du Corps abgeleistet. Seine direkten Begegnungen mit Kaiser Wilhelm II. waren für den jungen Mann desillusionierend und weckten sein Interesse für die Politik. Während des Ersten Weltkrieges war er mit seinem Regiment an der Westfront eingesetzt. Als er nach dem Krieg unser Gut wirtschaftlich wieder auf die Höhe gebracht hatte, nahm er das Mandat eines Abgeordneten im Provinziallandtag in Königsberg an. Danach folgte ein Mandat im Preußischen Landtag in Berlin.

1932 mehrten sich in der Deutsch-Nationalen Fraktion die Stimmen, daß man mit Hitler koalieren könne. Diese und andere Fehleinschätzungen des Fraktionsvorsitzenden führten dazu, daß Vater sein Mandat niederlegte.

Nach der »Machtergreifung« vom 30. Januar 1933 durch die Nationalsozialisten wurde Vater laufend observiert. Ferner suchte die Gestapo ihn in unregelmäßigen Abständen und völlig überraschend zu einem Verhör auf. Ihm wurde unter anderem auch die Praktikantenausbildung für Studenten der landwirtschaftlichen Fakultät entzogen. Die Begründung lautete, daß diese verantwortungsvolle Aufgabe nicht in der Hand eines Nichtparteimitgliedes liegen dürfe. Es gab noch viele weitere Schikanen, und nun muß ausgerechnet Vater für die Untaten der Nationalsozialisten dieses Leid ertragen. Und es sollte noch viel schlimmer kommen.

An diesem Abend landen wir auf einem verlassenen Bauernhof unter dem Dach eines leeren Stallgebäudes. Der Fußboden hat regelmäßige schmale Lücken, so daß man hören kann, was unten geschieht. Dort ist unter anderen eine Gruppe katholischer Nonnen, die grausam vergewaltigt werden, ihre Schreie offenbaren die ganze Ohnmacht der Besiegten. Neben mir liegt eine junge schwangere Frau, mein Vater deckt uns gemeinsam mit seinem Mantel zu. Als ich am Morgen die Frau wecken will, ist sie tot, vermutlich schon seit mehreren Stunden. Dann geht es weiter nach Allenstein, das Ziel ist das dortige Gefängnis. Da dieses aber total überfüllt ist, werden wir in einem gegenüberliegenden Haus untergebracht; wir geraten dabei in ein Arztlabor im Souterrain. Ich bin noch mit meinem Vater zusammen, dabei ist auch der Studienrat, der mich morgens beim Abmarsch vor dem Kolbenschlag schützte. Er spricht gut Russisch, da er im Ersten Weltkrieg aus russischer Gefangenschaft geflohen war. Vor uns haben in diesem Raum schon fünf oder sechs Männer Platz gefunden. Nach einiger Zeit beginnen diese die mit uns gefangenen Frauen zu berauben und zu belästigen. Der Studienrat, der Russisch spricht, geht zum Kommandanten, und Vater hält die Männer in Schach. Es sind lauter Häftlinge des Zuchthauses Wartenburg. Einer erzählt laut und für alle hörbar, daß er schon 15 Jahre Haft hinter sich habe, »natürlich aus politischen Gründen«. Der Kommandant kommt und droht den Zuchthäuslern hohe Strafen an, dann tritt Ruhe ein.

Am nächsten Tag ist das Gefängnis so weit geräumt, daß

weitere Gefangene darin untergebracht werden können. Auf dem kurzen Weg über die Straße bin ich plötzlich von meinem Vater getrennt. Bei dem Schreien und Fluchen der Wachmannschaften, die die Gefangenen unentwegt mit dem Gewehrkolben traktieren, werde ich von der völlig verängstigten Menschenmasse mitgerissen und muß darauf achten, nicht zu Fall zu kommen. So endet die letzte Begegnung mit meinem Vater ohne Umarmung oder Händedruck, ja ohne jedes Abschiedswort.

Im Gefängnis wird mir schon beim Anblick der »durchsichtigen«, über viele Stockwerke reichenden Stahltreppen schwindlig. Dabei spielt sicherlich mein inzwischen schlechter Allgemeinzustand eine Rolle; die permanente Bedrohung, der völlig unzureichende Schlaf, der Fußmarsch – und all das, ohne zu essen und zu trinken. Mir war trotz brennenden Durstes die Gefahr des Schnee-Essens bewußt, aber nicht jeder hatte die Kraft, auf den wenigstens vorübergehend durststillenden Schnee zu verzichten, und die Ruhr grassierte bereits und forderte ihre zusätzlichen Opfer. Und nun noch die völlig überfüllte Gefängniszelle. Sie liegt im 4. Stock und hat überhaupt kein Mobiliar, nur einen Holzkübel für die Notdurft in der Nähe der Tür. Man liegt auf dem Boden, das ist bei der Enge aber nur sehr bedingt möglich, vorwiegend sitzt man auf dem Fußboden, das ist raumsparender. Und die Menschen sterben an Entkräftung und Ruhr. Wenn wir den Posten rufen, um die Leichen herausholen zu lassen, dann antwortet er: »Je mehr njémjäts (Deutsche) krepieren, um so besser!« und knallt die Tür zu. Man kann sagen, daß dieser Ausspruch als Leitmotiv über der Deportation stand. Irgendwann werden die Toten dann doch herausgeholt. Einmal am Tage werden wir in kleinen, für den Wachposten überschaubaren Gruppen in den Gefängnishof geführt. Ich leihe mir von anderen Frauen einmal einen Mantel, ein anderes Mal eine Jacke oder ein Kopftuch aus und gehe mehrfach mit, in der Hoffnung, noch einmal meinen Vater zu sehen. Später ist er einmal vor unserer Zellentür und ruft meinen Namen. Durch die am Boden eng gedrängt sitzenden Menschen komme ich nicht schnell genug zur Tür. Der Posten schlägt meinen Vater und die Tür fällt ins Schloß. Heute kann ich nicht mehr sagen, wie lange wir im Gefängnis waren, vielleicht vier oder fünf Tage. Dann geht der Fußmarsch weiter in Richtung Süden. Diesmal bekommen wir jeder ein halbes Kommißbrot als Wegzehrung mit. Wir gehen nur auf Nebenwegen und -straßen, die Hauptstraßen sind dem sowjetischen Militär vorbehalten. Die Front muß schon weit westlich von uns sein. Fast täglich sehen und hören wir vereinzelt kleine Maschinen über uns. Unsere Soldaten identifizieren diese als Aufklärungsflugzeuge, und wir hoffen, daß der Westen unseren Elendsmarsch zur Kenntnis nimmt. Durch die end-los langen Gefangenenkolonnen sind die Wege zu Schnee-matsch zertreten und unser Schuhzeug ist völlig durchnäßt. Man zieht die Schuhe auch nachts nicht aus; wenn sie wirklich einmal trocknen würden, bekämen wir sie nicht mehr an und außerdem würden sie mit größter Wahrschein-lichkeit von anderen Gefangenengruppen gestohlen werden. Es kommt auch vor, besonders wenn man noch gute Stiefel trägt, daß Wachposten während des Marsches verlangen, daß diese sofort ausgezogen und ihnen ausgehändigt wer-den. Vor Eintritt der Dunkelheit wird immer eine Pause gemacht. Die Bewacher sind dann meistens sehr nervös und schießen wild in die Luft oder über unsere Köpfe hinweg. Stehen sie selbst so unter Druck oder sind sie so ideologi-siert? Auf diesem Weg gab es kein Pardon, ich habe während des Fußmarsches bei den sowjetischen Soldaten nie ein Zeichen menschlicher Betroffenheit gesehen. Wenn jemand fiel, wurde er mit dem Kolben oder mit Fußtritten zum Weitergehen gebracht. Einer der sowjetischen Wachsoldaten verlangte speziell von den französischen Kriegsgefangenen, daß sie die nicht mehr gehfähigen Deutschen mitnehmen, und dann schlug er noch auf sie ein, um das Tempo zu beschleunigen. Das sollte wohl Zwietracht unter die verschiedenen Nationalitäten bringen, aber das geschah nicht. Es waren gerade die vereinzelten ehemals in deutscher Kriegsgefangenschaft gewesenen Franzosen, die sich sowohl auf dem Weg in die Deportation als auch später in dem sowjetischen Lager hilfsbereit verhalten haben. – Wenn bei einem zu Boden gefallenen Gefangenen, in der Mehrzahl sind es ältere Frauen, Kolbenschläge und Fußtritte nicht mehr den gewünschten Effekt erzielen, hören wir anschließend hinter uns einen Schuß.

Eines Abends bei der Ankunft im Quartier führt mich der Posten in eine kleine Kammer. Dort sitzt auf einem Haufen Unrat eine geistig völlig verwirrte Frau, sie weiß weder ihren Namen noch, was um sie herum geschieht. Außerdem ist sie schwer an Ruhr erkrankt. Sie besitzt noch ein kleines Federkissen, dieses hat sie aufgerissen und versucht, mit den Federn unentwegt ihren Unterleib zu trocknen. Der Posten gibt mir einen Eimer kaltes Wasser und einen Lappen, um die Frau und den Raum zu reinigen. Ich muß alle Kraft aufbieten, um mein Entsetzen und meinen Ekel zu überwinden. Da das Gebäude insgesamt gut bewacht ist, wird der Posten abberufen. Ich habe inzwischen die Frau gewaschen, den Raum lasse ich, wie er ist; das stört diese Frau nicht mehr, sie wird es bald geschafft haben. Ich streiche ihr über das Haar, da läßt sie den Kopf an meinen Körper fallen. Ich versuche, ihren Oberkörper so mit Stroh zu unterstützen, daß sie eine halbwegs normale Ruhestellung einnimmt. Das war wohl die letzte freundliche Geste, die sie in diesem Leben erfuhr.

Die Nächte bringen auch wenig Entspannung, zwar versucht die sowjetische Führung die Truppen wieder zu disziplinieren, aber Einzelübergriffe sind immer noch zu befürchten. Daher gilt abends die größte Sorge einem geeigneten Platz, um sich zu verbergen. Einmal ist es ein auf der

Erde liegender Schrank, ein hervorragendes Versteck, das ich mit einem anderen jungen Mädchen teile. Die Luft ist zwar knapp, da aber eine Seitenwand defekt ist, reicht sie aus.

Als wir die ehemalige Grenze zwischen Ostpreußen und Polen überschreiten, sagt eine mitgefangene Polin: »Nun singt mal: Nun ade, du mein lieb Heimatland. Wenn Eure jetzt kahlgeschorenen Mädchen wieder Zöpfe bis zu den Knien haben, und Ihr dann noch lebt, könnt Ihr vielleicht über die Heimfahrt nachdenken.« Sie hofft wohl beim nächsten Halt ihre Entlassungspapiere zu bekommen. Aber das ist ein Irrtum, auch sie begleitet uns später in die Waggons mit dem Endziel »Gulag«.

Inzwischen marschieren wir über den Truppenübungsplatz Melava. Plötzlich stelle ich mit Entsetzen fest, daß ich begonnen habe, meine Schritte zu zählen. Immer bis hundert, um dann wieder bei eins zu beginnen. Wie komme ich darauf, ist das schon ein pathologisches Zeichen? Gesprochen wird auf diesem Marsch, den viele für einen Todesmarsch halten, kaum. Des Sprechverbots hätte es nicht bedurft; die psychische Belastung ist zu groß, und mit den körperlichen Kräften muß man haushalten. Bewußt wende ich meinen Blick von den Fersen des Vordermannes ab, sehe die verfallenen Gebäude und versuche mir auszumalen, wie unser Land in wenigen Jahren aussehen wird. Im Laufe des Nachmittags fällt mir auf, daß der Wachposten kaum von meiner Seite weicht. Das haben die deutschen Kriegsgefangenen schon längst beobachtet. An diesem Abend gibt mir einer von ihnen seine Tarnjacke, ein anderer hat noch eine Decke; die ist nötig, um meine Beine zu verbergen. Diese Nacht schlafe ich zwischen den deutschen Soldaten, die mich in echter Kameradschaft beschützen.

Am nächsten Tage erreichen wir Ciechanów, nördlich von Warschau gelegen, etwa 200 Kilometer vom Ausgangsort entfernt. Am Rande der Stadt ist ein von der deutschen

Besatzung erbautes Lager, das wir jetzt beziehen. Hier werden Frauen und Männer getrennt für die Baracken eingeteilt. Ein Sergeant schlendert mit einem Eichenspazierstock – offenbar ein Beutestück – an den Gruppen entlang. Schließlich fordert er mich zum Mitgehen auf. Er bringt mich in einen kleinen Raum, in dem ein Büroschreibtisch steht, gießt einen Eimer Wasser hinein und fordert mich zum Putzen auf. Als ich mich bücke, schlägt er mit dem Eichenstock auf mich ein. Meine ganze Sorge ist, daß er nur nicht meinen Kopf trifft. Vorsichtig gehe ich in dieser Haltung die wenigen Schritte rückwärts zur Wand und richte mich dann blitzschnell auf. Den Blickkontakt erträgt er nicht und läuft fort. In dem großen Raum daneben finde ich einen Teil unserer Frauen wieder. Auch hier gibt es kein Mobiliar mehr, geschlafen wird nach wie vor auf dem kahlen Fußboden. Mein Vater soll auch in diesem Lager gewesen sein, wie ich nach meiner Rückkehr erfuhr, aber wir haben uns nie wiedergesehen.

Ein weiteres Erlebnis ist mir noch in Erinnerung geblieben. Eines Tages werden zehn junge Frauen aus unserer Baracke zum Wasserholen aus dem nahe dem Lager vorbeifließenden Fluß abkommandiert. Es muß ein Nebenfluß des Narew oder des Bug gewesen sein. Dort angekommen, holt eine der Frauen einen Holzeimer zum Schöpfen aus einer nahegelegenen Kate. Inzwischen kommt torkelnd ein betrunkener Sergeant dazu. Nachdem alle Gefäße gefüllt sind, muß ich den Eimer zurückbringen. Kurz vor dem Erreichen der Kate erwartet mich schon der Sergeant und versucht mich zu belästigen. Es ist unglaublich, welche Kräfte man in so großer Not entwickeln kann. Ich stoße den Sergeanten so von mir, daß er rückwärts zu Boden fällt. Dann laufe ich schnell zu unserer Gruppe zurück, der Posten hat gewartet, er darf ja nicht mit nur neun Frauen ins Lager zurückkehren. Daß das noch ein Nachspiel geben wird, ist allen in der Baracke klar. In solchen Fällen ist die Solidarität unter den Frauen groß, und wir überlegen, wie man mich verstecken kann. Aber das ist schwer in einem Raum mit nur vier kahlen Wänden. Ich verkrieche mich in die hinterste Ecke, doch das nützt wenig. Am Abend kommen mehrere Soldaten, der Sergeant und ein Offizier und leuchten mit einer starken Taschenlampe den Raum ab. Ich werde von dem inzwischen nüchternen Sergeanten wiedererkannt und mir wird Dunkelarrest angedroht. Dazu kommt es gottlob nicht mehr; denn der Transport nach Rußland wird zusammengestellt. Wir werden in die Entlausungsbaracke geführt, unsere Kleidung geht in den dazugehörigen Ofen. Während wir nackt und frierend auf unsere Sachen warten, erfreuen sich die Wachmannschaften an unserem Anblick. Was von unserer Kleidung nicht wiederkommt, wird durch abgetragene sowjetische Sommeruniformstücke ersetzt. Mein Innenpelz kommt Gott sei Dank wieder, er sieht äußerlich nicht mehr reizvoll aus, aber er ist mir sehr nützlich; sein Futter ist unauffällig. Es ist ein dichter, leichter, sehr wärmender Fehpelz, tagsüber dient er mir als Mantel, nachts als Schlafdecke. Decken gab es weder unterwegs noch in einem der vielen Lager und auch nicht im Lazarett.

Dann geht es in die bereitstehenden Waggons, und der achtzehntägige Transport im fensterlosen, überfüllten und kalten Waggon beginnt.

In den Straflagern der UdSSR

Ein großer Teil der sowjetischen Straflager befand sich in den Gebieten östlich und westlich des Urals. Klimatisch und geographisch stellt der Ural keine so wesentliche Zäsur dar, wie man sich dies teilweise in Westeuropa vorstellt. Das Gebiet steigt allmählich an, so daß der 2500 Kilometer lange Bergzug einem Mittelgebirge gleicht. Die osteuropäische Tiefebene und Westsibirien haben vergleichbare Lebensbedingungen. Entscheidend ist die Entfernung vom Eismeer; denn von Norden nach Süden folgen die Landschaftsgürtel der Tundra, Taiga und Steppe aufeinander. Zum Beispiel liegt das berüchtigte, besonders auch wegen seiner klimatischen Bedingungen gefürchtete Lager Workuta in der europäischen Tundra.

Bei den hohen Sterbeziffern im Gulag müßte man annehmen, daß ein Teil der Lager bald leerstehen würde. Aber das ist nicht der Fall, der Nachschub rollt 1945 und auch noch Anfang 1946 laufend. Unvorstellbar viele Züge aus Ostdeutschland – Ostpreußen, Schlesien und Pommern – und aus ganz Osteuropa, gefüllt mit Zivilisten, deutschen Soldaten und ehemaligen sowjetischen Kriegsgefangenen, enden in den verschiedenen Straflagern der Sowjetunion.

Deportationen sind in Rußland nichts Neues, sie haben schon eine lange Tradition. Sie beginnt bereits in der Zarenzeit. Damals waren es vorzugsweise Lager in Sibirien. Der lange Fußmarsch in die Verbannung forderte schon viele Todesopfer; denn es gab noch nicht die Transsibirische Eisenbahn. So mußten die nicht zum Tode verurteilten

Dekabristen (dekabr = Dezember, Teilnehmer des Aufstandes vom Dezember 1825) damals erst den über 5000 Kilometer langen Fußmarsch nach Irkutsk in die Verbannung durchstehen. Ich war sehr beeindruckt zu sehen, wie stolz die Einwohner von Irkutsk auf ihre Vorfahren, die Dekabristen, sind. Diese blieben nach Verbüßung ihrer Strafe zum überwiegenden Teil dort – »Rußland ist groß, und der Zar ist weit« –, die Familien waren teilweise nachgekommen, allerdings mit pferdebespannten Postschlitten oder -kutschen, und sie lebten auch außerhalb des Straflagers. Ihre Häuser wurden liebevoll gepflegt und sind heute Museen.

Dostojewskij hat seine Erlebnisse aus vier Jahren sibirischer Zwangsarbeit (1855–1859) in den »Aufzeichnungen aus einem Totenhaus« niedergeschrieben.

Auch die Große Sozialistische Oktoberrevolution vom 7. November 1917 änderte nichts an diesen Praktiken; im Gegenteil: Unter Stalin handelte es sich nicht mehr um Einzelverurteilte, die Klassenfeinde wurden ohne Urteil waggonweise in die Straflager eingeliefert. Die Transsibirische Eisenbahn erleichterte das Verfahren. Als Gruppe folgten die enteigneten »Kulaken« und 1940 dann die Balten. Nach Beginn des deutschen Angriffes auf die Sowjetunion folgten die Wolgadeutschen sowie alle ehemaligen deutschen Kolonisten aus den verschiedensten anderen Gebieten der UdSSR und überhaupt alle in der Sowjetunion lebenden Deutschen. All diese Gruppen zahlten einen enorm hohen Blutzoll, und jetzt sind vor allem wir in Ostpreußen an der Reihe, eine Art lebender Kriegsbeute.

Unser Transportzug hält vor einem Lager; wo dies geographisch liegt, das weiß kein Mensch. Es ist auch uninteressant, denn dieser unwirklich scheinenden Landschaft entflicht niemand. Wir fallen teilweise völlig entkräftet in den Schnee; ich bin noch ziemlich benommen von der Eiseskälte der vergangenen Nacht, der Fahrt in der offenen Torflore. Wir sehen ein Lagertor mit Sowjetstern, eine Wache, sieben

Scheinwerfer und einen hohen, dichten Bretterzaun. Innen viele Baracken, außen in einiger Entfernung große Gruben für unsere Massengräber. In diesem Punkt hatte man gut vorgesorgt, denn wir befinden uns wohl irgendwo in der Taiga. War es wert, hierfür zu überleben? Hier erwartet uns doch nur der Tod auf Raten. Aber dann fällt mir die Geburt im Waggon ein, sieben Tage ist das Kind nun alt, die Mutter medizinisch gesehen noch Wöchnerin. Sie hat den absoluten Willen, mit ihrem Kind zu überleben. Gewiß, der Wille allein ist sicherlich noch kein Garant dafür, aber in unserer Situation sicher eine besonders wichtige Voraussetzung. Was allerdings keinesfalls bedeutet, weiterzuleben um jeden Preis; im Gegenteil: Es handelt sich nur darum, in Würde zu überleben. Erst wenn man sich dessen bewußt wird, im Unterbewußtsein war dies als Leitgedanke schon immer vorhanden, hat man einen neuen Grad der inneren Freiheit erreicht. Dies drückt sich wohl auch in der äußeren Haltung aus und verunsichert den Gegner ziemlich.

Wir werden auf die leeren Baracken verteilt, Blockhausbauten aus unbehauenen Holzstämmen. Die Zwischenräume sind mit watteähnlichem Material verstopft. Ein Milieu, in dem sich Wanzen sehr wohl fühlen. Da diese wohl auch hungern mußten, kommen wir ihnen sehr gelegen. Vor unserem Eingang ist ein kleiner Vorraum, so daß man beim Herausgehen nicht direkt die kalte Luft einatmet. Hier sind Temperaturen zwischen minus 30 Grad bis minus 40 Grad; bei einem zu schnellen Übergang in die kalte Luft kann es vorübergehend zu einem krampfhaften Verschluß der Bronchien kommen. Die Inneneinrichtung besteht aus zweistöckigen Pritschen ohne Auflage (Stroh) und ohne Decke, und einem kleinen, halbhohen, aus Lehm gebauten Ofen. Allerdings haben die Baracken elektrisches Licht. Dieses brennt, wie die Scheinwerfer des Lagerzaunes, Tag und Nacht. Die Leitungen hängen locker an den Wänden und der Decke. In manchen Baracken sind sie in der Nähe der Tür unterbrochen und die nicht isolierten Enden umgebogen. Wenn man sie zusammenhakt, ist das Licht eingeschaltet. Man muß schon sehr achtsam sein, wer daneben greift, hat aus sozialistischer Sicht eben Pech gehabt; denn im Lager zählt ein Menschenleben weniger als eine Materialbeschädigung. Dabei denke ich unwillkürlich an die großen Themen der Revolution 1917, damals hatten sich die Arbeiter unter anderem erhoben, weil sie sich als »towar«, das heißt Ware, fühlten, daher stammt die Bezeichnung »towarisch«, die bis vor kurzem ein Ehrentitel war.

Die erste Amtshandlung im Lager besteht darin, die Frauen, die noch ihr Kopfhaar haben, zu scheren. Als unsere Baracke dran ist, erscheint der Kommandant und verfügt, daß nur denjenigen Frauen die Haare geschnitten werden, die unsaubere Köpfe (Läuse) haben. Ich lasse mir freiwillig das Haar bis in Ohrhöhe abschneiden; denn wir sind immer wieder so gründlich gefilzt worden, daß wir keinen Kamm mehr besitzen. Ja, wir besitzen wirklich überhaupt nichts mehr, weder einen Trinkbecher noch ein Eßgeschirr oder Löffel, und diese Dinge sind wichtig zum Überleben. Da sind unsere Soldaten etwas besser dran, wenigstens die Kochgeschirre hat man ihnen gelassen. Aber sie sorgen auch für uns; aus der russischen Offiziersküche besorgen sie leere Konservendosen, begradigen den oberen Rand und bringen oben einen Haltebügel aus Draht an. Das ist für Wassersuppen ein adäquates »Eßservice«. Ich beschreibe das so eingehend, weil ich weiß, daß sich ein Mensch, der immer unter normalen Bedingungen gelebt hat, kein Bild von dieser totalen Primitivität machen kann.

Unser Arbeitsplatz ist der Wald, dort müssen wir Baumstämme tragen. Schon der Fußmarsch zum Rodungsplatz ist für uns eine unsagbare Strapaze; die absolute Mangelernährung und die Ruhr haben uns sehr geschwächt. Die Bäume in Nordrußland sind hoch und haben einen entsprechenden Durchmesser. Jeweils vier Tragestöcke, also acht Frauen, läßt der Posten pro Baumstamm zu, bei kleineren Bäumen nur drei Tragestöcke, das heißt sechs Frauen. Bei dieser Schinderei habe ich immer ein Bild von Franz Marc vor Augen, es ist wohl aus der Reihe »Tierschicksale«: ein gestürztes Pferd, das trotz größter Anstrengungen nicht wieder aufstehen kann. Für die Waldarbeit gibt es, wie in allen Bereichen, eine Normen-Einteilung; wir schaffen dieses Pensum nie. Das hat zur Folge, daß wir keine Normenzulage erhalten, sondern nur die Wassersuppe. Dadurch nimmt die Dystrophie quantitativ und qualitativ zu; das Erscheinungsbild: Skelettierung im Bereich des Oberkörpers, Wasserstauungen von Nabelhöhe abwärts. Aber auch die Infektionskrankheiten nehmen zu: Ruhr, Typhus, Hepatitis. Damit steigt auch die tägliche Todesziffer.

Bei Sonnenaufgang werden wir aus den Baracken gescheucht und kehren bei Sonnenuntergang zurück, dazwischen gibt es keine Pause und auch keine Verpflegung. Manche Wachposten lassen zwischendurch frisches Reisig zusammentragen und zünden ein Feuer an, an dem wir uns kurzfristig etwas aufwärmen können. Vor der Kapitulation, von der wir erst Ende Juli 1945 erfahren, gibt es keine Freistellung wegen Krankheit oder mangelnder Bekleidung, später erfolgt dies bei Temperaturen von weniger als minus 40 Grad Celsius.

Bei Rückkehr in das Lager muß man zunächst barackenweise nach der Wassersuppe anstehen. Tagesverpflegung: morgens 125 g Brot und Tee, abends Wassersuppe. Danach suchen wir uns gegenseitig unsere Köpfe nach Läusen ab und jeder für sich die Kleidung. Die Läuse mögen mich wohl nicht, damit habe ich wenig Last, und Flöhe gibt es im Lager keine. Aber die Wanzen quälen uns alle sehr, das sind jedoch Schädlinge, die an den Raum gebunden sind. Nachts ist täglich Antreten und Abzählen. Bei der hohen Todesziffer (30–40 Tote pro Tag bei etwa 3000 Gefangenen pro Lager) stimmen die Zahlen fast niemals überein. Das Antreten dauert immer endlos lange, und einige von uns kollabieren täglich, ich gehöre oft dazu. Anfangs mußten wir abends noch zusätzliche Lagerarbeiten verrichten, zum Beispiel Schneeschippen oder unsere Toten zum Massengrab fahren. Die Schlitten sind dann mit jeweils sechs Leichen beladen. Die Körper sind in der Stellung der Totenstarre gefroren. Da schleifen dann Füße, Hände oder Haare im Schnee, eine grausame Karawane! Später wurden diese Fahrten nur von Männern durchgeführt. Den Rest der Nacht stören dann nur noch die Wanzen. Einmal am Tag – die einen morgens, die anderen abends – reiben wir uns von oben bis unten mit Schnee ab; denn eine Waschgelegenheit gibt es in der Baracke oder im Lager nicht. Das kostet schon eine ziemliche Überwindung, und immer wieder stellen wir fest, wer die Kraft dazu nicht mehr aufbringt, ist in der Regel der nächste Todeskandidat.

Alle drei bis vier Wochen werden wir nachts einmal zur »banja« geführt; diese liegt eine halbe Stunde Fußweg vom Lager entfernt. Vor dem ersten Banjabesuch werden in der Unterkunft Betrachtungen darüber angestellt, ob es sich um ein Dusch- oder Wannenbad handeln wird. In dieser Nacht kann man sowieso nicht schlafen, wenn man nicht zufällig zum ersten Schub gehört. Endlich sind wir dran. Die halbe Stunde Fußmarsch ist geschafft. Es gibt einen Vorraum, in dem wir unsere Kleidung ablegen, dann kommen wir in die eigentliche »banja«; zunächst kann ich vor Wasserdampf gar nichts sehen, und die Luft macht das Atmen schwer. Langsam kann man sich im Raum orientieren, es befinden sich rechts und links an den Wänden je eine und in der Mitte zwei gegeneinander gestellte lange Bänke. Auf den Bänken stehen, mit der Öffnung nach oben und ohne die innere Lederverkleidung, deutsche Beutestahlhelme in Ermangelung von Waschschüsseln, an einer Wand eine Zapfstelle für warmes und kaltes Wasser. Die Stahlhelme waren bis zu den Luftlöchern rechts und links mit Wasser gefüllt. Ich komme nicht umhin, der Kameradin neben mir zu sagen: »Die stülpen wir uns jetzt über, und bilden uns ein, daß es ein Duschbad sei.« Nun, wir haben versucht, das Beste daraus zu machen; ich glaube, es gab sogar ein wenig Seife. Schwieriger war es mit dem Trockenwerden; niemand von uns besaß ein Handtuch, und dort gab es auch keine. So stieg man naß wieder in die Kleidung, die allerdings warm aus dem Entlausungsofen kam. Der Raum mußte dann schnell geräumt werden, denn der nächste Schub wartete draußen bereits. Das ganze mußte in einer Nacht ablaufen, da es sich um die öffentliche Badeanstalt des nächsten Ortes handelte. Beim Verlassen der »banja« bekommen wir noch Petroleum über das Haar gegossen und gehen dann naß durch die Winternacht eine halbe Stunde zurück zum Lager. Am nächsten Tage haben viele von uns Fieber, 38 bis 38,5, und das ist in unserer Situation viel, da wir ja fast alle Untertemperatur haben. Das hindert jedoch unseren Arbeitseinsatz im Wald nicht.

Immer wieder treffen neue Gefangene im Lager ein. Eines Morgens müssen wir vor dem Herausgehen an der Wache warten, da ein neuer Transport eingetroffen ist. Es sind ehemalige Sowjetsoldaten, die in deutscher Gefangenschaft waren. Neben mir steht Lotte, eine ostpreußische Bauerntochter. Plötzlich schreit sie auf, sie hat einen Gefangenen erkannt, er hat auf dem Nachbarhof, dessen Besitzer eingezogen war, gearbeitet. Lotte erzählt, wie zuverlässig, fleißig und umsichtig er war. »Er arbeitete wie auf seinem Eigentum.« Als wir abends wieder im Lager sind, soll mehrfach an unserer Baracke nach Lotte gefragt worden sein. Wir haben nichts Besonderes bemerkt, uns ist auch nichts aufgefallen. Aber als am nächsten Morgen die ersten Frauen von der Latrine zurückkommen, sind sie völlig verstört. Dort lag Lotte tot, mit dem Deckel einer Konservendose soll ihr die Halsschlagader durchschnitten worden sein. Der Täter soll der »gute Mensch« gewesen sein. Die Angst hat ihn wohl dazu getrieben. Im Lager waren immer Politoffiziere, und die Vernehmungen der ehemaligen Sowjetsoldaten aus deutscher Kriegsgefangenschaft standen bevor.

Es muß so Mitte April sein – wir besaßen keinen Kalender und auch keine Uhr –, unsere Wachposten gröhlten und schossen fröhlich herum, es verwunderte uns nicht einmal; denn wir sind mit der Situation im Wald sehr beschäftigt. Oben ist die Schneedecke noch ganz, aber teilweise bricht man beim Tragen der Baumstämme tief in den Schnee ein, bis in Knie- oder Hüfthöhe; denn unter der Schneedecke ist schon Wasser. Dies erschwert das Gehen furchtbar, zumal mit so schwerer Last; bei unserer körperlichen Verfassung ist es ungemein schwer, wieder aus dem Schnee herauszukommen.

Langsam kommt die Schneeschmelze. Zu diesem Zeitpunkt nehme ich meine Umgebung kaum noch wahr; ich fühle mich unaussprechlich, ja hundeelend. Ich verstehe zwar noch nichts von Medizin, aber diese Diagnose kann ich bei mir selbst stellen: ich habe schwere Hepatitis, sehe quittengelb aus und kollabiere wiederholt. Wie lange diese Zustände dauern, das weiß ich natürlich nicht. Meine Kameradinnen sind langsam darauf eingestellt und legen dann ein paar Zweige als Unterlage für mich auf den naßkalten Boden. Das Wiedererwachen ist jedesmal schrecklich; bevor ich das volle Bewußtsein erlange, tritt jedesmal ein Weinkrampf ein, und zwar so heftig, daß ich keine Luft bekomme. Meine Kameradinnen wollen mir helfen und heben meine Beine vom Boden ab, was meine Atemnot noch verstärkt. Das ist eine grauenvolle Situation. Sind das die Tränen, die ich mir im Wachzustand versage? Ich weiß es nicht und kann es auch absolut nicht beeinflussen. Wenn das vorüber ist, geht die Arbeit weiter, und ich torkle mehr, als ich gehen kann. Zusätzlich leide ich noch darunter, daß ich mein Arbeitspensum nicht leisten kann und dadurch die anderen Frauen belaste; denn die »Norm« wird für die ganze

Brigade festgesetzt, Ausfälle werden nicht berücksichtigt, und ich bin nicht die einzige, die bei der Arbeit zusammenbricht.

Als wir eines Morgens wieder vor der Wache stehen, um zur Arbeit zu gehen, kommt ein Offizier auf mich zu und fordert mich in Russisch auf, zu ihm zu kommen. Ich stelle mich unwissend und gehe weiter. Schließlich springt er herbei und zieht mich am Arm aus der Gruppe. Die Arbeitsbrigaden sind durch, die anderen Offiziere fortgegangen, wir stehen alleine da. Dann fragt er mich in Russisch, ob ich Russin oder Polin sei. Ich antwortete in ziemlich schroffem Ton: »Ich bin Deutsche!« Sofort spricht er Deutsch mit mir und stellte sich vor: »Kutschina, ich bin Arzt, Sie haben Gelbsucht.«

Außerhalb des Zaunes steht eine Baracke, die wir nur Sterbebaracke nennen. Dorthin geht Dr. Kutschina mit mir, er bezeichnet dieses schreckliche Gebäude als Lazarett. Wir treten in die Baracke ein, rechts und links an den Wänden entlang jeweils eine durchlaufende Pritsche, auf der die Frauen mit den verschiedensten Infektions-Krankheiten dicht nebeneinander liegen. Er hat sich inzwischen nach meinem Namen erkundigt und fordert mich auf, mir zwischen den Kranken einen Platz zu suchen. Ich setze mich auf die äußerste Kante der Pritsche und bin dem Weinen nahe, was ich mir allerdings in Gegenwart von Russen selbst streng untersagt hatte; mich soll kein Russe weinen oder lachen sehen. Ein Weilchen später kommt Dr. Kutschina und fragt sehr erstaunt: »Was ist, Ursula, warum legen Sie sich nicht hin?« Ich mache ihm klar, daß ich mit der Gelbsucht jetzt schon eine gute Woche lebe, wenn ich hier aber noch eine der anderen Infektionskrankheiten dazubekomme, werde ich das wohl nicht überleben. Er schaut mich betroffen, aber zustimmend an und sagt dann, daß ich in sein Zimmer mitkommen solle. Antwort: »Nein.« »Ach so, suchen sie sich zwei weitere Frauen aus und kommen Sie gemeinsam herüber.« »Nein, ich kenne die Krankheitsbilder nicht, Sie sind der Arzt.« Er tut es und quartiert uns zu dritt im Nebenraum ein, der wohl ein Besprechungs- und Arbeitszimmer ist. Vorher hatte er mich noch aufgefordert, ihn zu berichtigen, wenn er Fehler in der deutschen Sprache mache. Er war aus Baku und hatte an der deutschen Universität in Odessa studiert. Ich schlief erschöpft ein und dann fest wie ein Murmeltier. Aber der Lärm am nächsten Morgen hätte nicht nur jedes Murmeltier um den Winterschlaf gebracht, das Geschrei konnte Tote aufwecken. Vor meiner Pritsche steht eine Frau (später erfuhr ich, daß es Tartiana, die erste Krankenschwester ist) und schreit dauernd auf mich ein. Ich verstehe kein Wort, nur immer »die Deutsche«. Um die beiden anderen Frauen kümmert sie sich gar nicht. Ich kann mir überhaupt nicht vorstellen, was sie von mir will. Gott sei Dank ist noch ein jüngerer Offizier im Raum, der Arzt Dr. Abramow, wie sich später herausstellte. Als Tartiana notgedrungen einmal Luft holen muß, sagt Dr. Abramow ironisch: »Aber rege Dich doch nicht so auf, Tartiana, vielleicht will er sie heiraten.« Das war nun aber wirklich zu viel, Tartianas Stimme überschlug sich, ich fürchte, daß sie einen Schreikrampf bekommt. Erst jetzt fällt mir auf, daß ich Schwester Tartiana nie wieder gesehen habe, oder ich habe es vergessen. Wichtig war, daß ich zunächst einmal aus dem Arbeitsprozeß gezogen war; denn das wäre wahrscheinlich doch das Ende gewesen. Hier habe ich Schutz und Ruhe und freundlichen Zuspruch; mehr kann Dr. Kutschina therapeutisch nicht bieten, denn selbst den Sowjetbürgern stehen keine Medikamente zur Verfügung, es fehlt am Nötigsten, sogar an Narkotika für die Operationen. Aber die Verpflegung ist etwas besser. Inzwischen ist die Vegetation so weit vorgeschritten, daß die tägliche Wassersuppe aus Brennesseln hergestellt wird, und es gab wohl sogar zweimal täglich Kascha (Buchweizenbrei). Dr. Kutschina leidet sehr darunter, daß er keine therapeutischen

Möglichkeiten hat, und tröstet mich: »Maja dotschka (mein Töchterchen), Du bist jung, Deine Heilung muß Dein Körper selbst besorgen.« Und er erzählt mir weiter, daß ich ihn sehr an seine Tochter erinnere, sie sei auch in meinem Alter, und er habe sie seit drei Jahren nicht gesehen. Ein anderes Mal machte er mich darauf aufmerksam, daß er selber Sträfling sei und weist auf seine fehlenden Schulterstücke und Kragenspiegel hin. Er war im Mittelabschnitt der Front – wohl im Raum Woronesch – in deutsche Gefangenschaft geraten; diese soll nur zwei Tage gedauert haben. Seitdem ist er nun Gefangener in seinem eigenen Land, erst neuerdings darf er ärztlich in den Straflagern tätig sein.

In jener Zeit, es muß etwa Ende Juli/Anfang August 1945 gewesen sein, wurde unsere Kapitulationsarmee, soweit sie sich den Sowjets ergeben hatte, in unsere Lager eingewiesen, deren Insassen inzwischen stark dezimiert waren. Auf diesem Wege erfuhren auch wir von der Kapitulation. Also der Krieg in Deutschland ist zu Ende, das große Menschensterben hat aufgehört; wer jetzt noch lebt, hat vielleicht die Chance zu überleben. Wer wird von meiner Familie noch leben? Das bewegte mich sehr. Hitlers Schreckensregime hat nun auch sein Ende gefunden. Auf diesen Augenblick hin war ich erzogen worden. Freiheit! »Ihr wißt ja nicht, was Freiheit ist, ihr seid in der Diktatur geboren«, hatte mein Vater wiederholt gesagt. Welche Ironie, nach der Nazi-Diktatur sind wir jetzt Sklaven der marxistischen Diktatur. In einem Punkt gleichen sie einander sehr, in der Menschenverachtung. Während ich diesen Gedanken nachgehe, tritt Dr. Kutschina ein und sieht, daß ich feuchte Augen habe. Er fragt erstaunt: »Ursula, weinen Sie um Hitler?« Über diese Frage bin ich sehr empört und kann gar nicht antworten. Er hatte mich wohl noch nie zornig gesehen und stellte fest, daß dies meinem darniederliegenden Blutdruck gut täte. Inzwischen ist auch Dr. Abramow dazugekommen, und wir stellen Betrachtungen über die Zukunft an; ob und wann man entlassen werden wird, mit welchem Recht eigentlich die Kapitulationsarmee noch hierher verbracht worden sei. Schließlich versuchen die beiden Herren mir klar zu machen, daß ich nicht mehr das Deutschland vorfinden werde, das in meiner Erinnerung lebt. Dr. Kutschina schlug vor, wenn es einmal soweit sein würde, dann sollte ich doch lieber mit ihm nach Baku kommen, und er schilderte die Schönheit dieser Stadt. Wir Drei hatten uns in eine neue, schönere Welt hineinversetzt. In dieser erstmals heiteren Stimmung bedanke ich mich bei Dr. Kutschina, der Muslim ist, für seine liebenswürdige Einladung und frage scherzhaft, seine wievielte Frau ich dann werden dürfte? Er geht auf den Scherz ein und antwortet: »Das ist nicht wichtig, aber der Platz der Lieblingsfrau ist noch frei!« Inzwischen hatte ich 1989 Gelegenheit, mich anläßlich einer freiwilligen Reise in den sowjetischen Orient und nach Aserbaidschan von der Schönheit und dem früheren Wohlstand Bakus zu überzeugen.

Einige Tage später wird Dr. Kutschina kurz abberufen, er mußte sich wohl noch immer für seine 48stündige deutsche Gefangenschaft verantworten. In unserem Lazarett erscheint ein fremder Arzt, wahrscheinlich nur Feldscher, und soll uns angeblich alle gegen Thyphus impfen. Ich versuche mich mit allen Mitteln verständlich zu machen, daß dies bei mir zur Zeit doch nicht möglich sei, da meine Hepatitis noch nicht abgeklungen ist. Aber wer nur Befehlsempfänger ist, duldet keinen Widerspruch, und schon habe ich die Injektion intus. Abgespannt und unsagbar müde fühle ich mich ja ohnehin, das ist ein Dauerzustand, aber nach einiger Zeit kann ich nicht scharf sehen, es beginnt alles ein wenig zu verschwimmen. Ich führe das auf meine große Müdigkeit zurück und schlafe erst einmal ein paar Stunden. Als ich wieder aufwache, hat sich das unscharfe Sehen verschlimmert; ich sehe zwar die Konturen von Gegenständen und Menschen, aber mehr als Schatten oder, besser gesagt, wie in dickem Nebel.

Wir sind ja fast alle nachtblind, das fing zunächst auch sehr schleichend an, aber inzwischen hat die Nachtblindheit bei mir ein Stadium erreicht, das sich nicht mehr ignorieren läßt. Ob ich nun völlig erblinde? Wie soll oder kann dann mein Leben weitergehen? Und wenn ich noch einmal nach Hause kommen sollte, ist sicherlich alles zerstört; wie soll ich mich orientieren? Zu diesem Zeitpunkt ahne ich noch nicht, daß ich unser Schönwiese nie wiedersehen werde. Am nächsten Tag kommt Dr. Kutschina zurück, er war nur zwei Tage fortgewesen. Seine Reise hat wohl einen guten Verlauf genommen; seine Stimme klingt gelöst, fast froh. Er hat mir ein Stückchen Schokolade mitgebracht, damals eine Rarität, aber ich kann sie nicht sehen, ja nicht einmal erkennen. Verwundert fragt er: »Wie geht es Ihnen, Ursula?« Unter Tränen antworte ich, daß ich seine Stimme erkenne, ihn aber kaum sehen kann. Er erschrickt, fragt, was geschehen ist, sieht kurz nach meinen Augen und geht erregt und eilig fort. Nach Stunden kommt er wieder und hat ein Medikament für mich, das er mir injiziert. Ich weiß nicht, was es ist, und frage auch nicht; ich habe Vertrauen zu ihm und weiß, daß er im Rahmen seiner Möglichkeiten alles tut, um mir zu helfen, aber seine Möglichkeiten sind gering. Für nicht systemkonforme Ärzte ist die berufliche Tätigkeit im Straflager einer Diktatur eine schwere psychische Belastung, aber für die erkrankten Häftlinge oftmals die letzte Hoffnung.

Nach Tagen erscheinen die Gegenstände wieder ein wenig deutlicher. Links neben mir liegt inzwischen eine andere Frau, sie hat etwas auf ihrem Schoß liegen, es ist wohl ein Buch, und ich bitte sie darum. Auf der ersten Seite ist ein Bild, ich kann es kurz erkennen, eine ikonenhaft gemalte Kreuzigungsgruppe (Goldgrund und die Figuren in sehr kräftigen Farben). Es ist nur kurz, dann verschwimmt wieder alles, aber ich bin sehr glücklich und hoffe, daß mit Besserung meines Allgemeinzustandes auch die Augen wieder besser werden. Ein junger tartarischer Leutnant tritt hinzu und fragt mich, indem er auf das Bild weist, ob ich daran glaube. Ich erschrecke zunächst und antworte dann mit einem nachdrücklichen »Ja«. Er ist erstaunt, schaut etwas nachdenklich drein und sagt: »Ich glaube nicht daran, aber es muß wohl hilfreich sein.«

Nachdem die akuten Krankheitssymptome abgeklungen sind – sowohl die Hepatitis als auch die Augenstörungen – setzt Dr. Kutschina mich als Krankenschwester »ßoßstra Ursula« ein. Ich melde zwar Bedenken an, aber er lächelt und behauptet, daß die Tätigkeit mangels Medikamenten und anderer therapeutischer Möglichkeiten sehr begrenzt sei. Mein Arbeitsfeld ist ein Raum mit etwa 20 Männern, meistens jungen deutschen Soldaten, einem Franzosen aus Bordeaux, dem wegen Erfrierungen alle Zehen amputiert wurden, jetzt ist die Heilung der Operationswunden erschwert, einem jungen Polen, einem sowjetischen Soldaten und einem etwa 50jährigen polnischen Zivilisten. Die meisten Männer sind sehr diszipliniert, versorgen sich selbst und helfen einander. Ein junger deutscher Fahnenjunker und der Franzose organisieren das bestens. Nur den Sowjetsoldaten muß ich füttern; sonst sind meine Aufgaben das Messen und Aufzeichnen der Körpertemperatur und des Pulses und – falls es die Situation erfordert – das Leisten von Erster Hilfe. Wie gut, daß ich während meiner Schulzeit einen Rot-Kreuz-Kursus absolviert habe, das kommt mir jetzt zugute. Die Betreuung des jungen Sowjetsoldaten bereitet mir hier keine Probleme; er ist ja krank und bedarf der Hilfe. Die Situation wird völlig anders, als wir uns etwa sechs Wochen später draußen bei der Arbeit begegnen. Freudig ruft er mir entgegen: »ßoßtra Ursula!« Noch ehe es zu einer Begrüßung kommen kann, mache ich ihm klar, daß ich eine Gefangene bin, sein Platz aber drüben sei, und ich weise auf die anderen, abseitsstehenden Wachsoldaten hin. Er ist sichtlich betroffen, vermutlich hatte er bisher noch nie über seine Tätigkeit nachgedacht.

Die beiden anderen, größeren Räume der Lazarettbaracke werden von sowjetischen Krankenschwestern betreut. Dort liegen ausschließlich Frauen, vor allem deutsche. Mit einigen von ihnen war ich in der Arbeitsbrigade im Wald zusammen. Wenn es meine Zeit erlaubt, gehe ich ein Weilchen zu ihnen. Die russischen Krankenschwestern sprechen kein Wort mit mir, aber das stört mich überhaupt nicht, denn den Besuch des Raumes verwehren sie mir nicht. Als ich wieder einmal drüben bin, wird ein junges deutsches Mädchen mit einer Totgeburt von der Waldarbeit ins Lazarett gebracht. Die sowjetischen Krankenschwestern nehmen ihr Handarbeitsgarn, das zuvor auf dem Fußboden gelegen hatte, um das tote Kind abzunabeln. Vor Entsetzen schreie ich auf, aber da ist schon alles geschehen, und ich ernte nur einen verächtlichen Blick.

Etwa ab 17 Uhr ist weder ein Arzt noch eine russische Krankenschwester in der Lazarettbaracke. Ich habe offiziell auch keinen Dienst, aber ich bin mit den Kranken und noch mehr mit den Sterbenden allein. Wenn es dann dunkel wird, kommt bei den meisten der Betroffenen die Angst. Sie fühlen es, daß sie bald sterben werden, und rufen nach der Schwester. Niemand kann ihnen helfen, es gibt für die Gefangenen nichts, um ihr Schicksal abzuwenden oder zu erleichtern. Aber ich kann für sie dasein, zuhören, wenn sie noch sprechen wollen, ihre Hand halten und das schreckliche Gefühl des absoluten Verlassenseins mildern.

Wie zu befürchten war, tritt bei der jungen Wöchnerin das Kindbettfieber auf. Wir haben im Frühjahr gemeinsam Baumstämme geschleppt. Damals ahnte sie vermutlich noch nicht, daß sie schwanger war, denn die Menstruation fiel bei allen Frauen aus. Sie war ein besonders liebenswertes Mädchen und eine tapfere Kameradin. Jetzt fragt sie immer wieder verzweifelt, ob sie sterben muß, und bietet alle Kräfte auf, um zu überleben. Aber ihr Körper ist zu geschwächt, sie durchlebt einen schweren Todeskampf. Bis zuletzt hält sie sich krampfhaft an meinen Händen fest. Irgendwie stirbt auch jedesmal etwas in mir; das geht so weit, daß ich mich frage, was mir das Recht zum Leben gibt. Dr. Kutschina will mir helfen, indem er mich vor der körperlich schweren Waldarbeit bewahrt. Aber hier gehe ich auf Dauer seelisch zugrunde. Er hat es schon selbst erkannt, und etwas hilflos fragt er: »Warum seid Ihr Deutschen so zart?« Dabei zeigt er mir vom Fenster aus zwei russische Frauen, die einen Telegraphenmast geschultert haben und fröhlich schwatzend vorübergehen.

Inzwischen werden die Gefangenen in den Lagern in die Arbeitsgruppen 1–4 eingeteilt, entsprechend der körperlichen Leistungsfähigkeit. Die Gruppen 1 und 2 sind für Schwerarbeit (Wald), Gruppe 3 ist für Leichtarbeit, und Gruppe 4 besteht aus Invaliden. Wir sind ob dieser humanitären Anwandlungen der Sowjets sehr überrascht. Vermutlich hat darauf die Konferenz von Potsdam vom 17. Juli–2. August 1945 mit der »Vereinbarung über die Behandlung Deutschlands durch die Siegermächte« Einfluß gehabt. Zu dem Thema gehören ja auch die Kriegsgefangenen, und dazu zählen wir Verschleppten. Mit Mortalitätsziffern, wie sie während des Krieges, besonders auch von Stalingrad-Gefangenen bekannt geworden sind, wagt man wohl nach der Kapitulation nicht mehr aufzuwarten. Auch die gehfähigen Gefangenen im Lazarett werden auf ihre Tauglichkeit für leichte Arbeit überprüft. Ich werde in die Arbeitsgruppe 3 (Leichtarbeit) eingestuft. Als ich mich dann im Lazarett verabschiede, haben die Frauen für mich aus kleinsten Wollresten (die ersten Pullover waren schon hinüber) ein paar Söckchen gestrickt. Das ist hier wirklich eine Kostbarkeit, denn wir haben hier nur die typisch russische Fußbekleidung, das sind vorne spitz zusammenlaufende »Schläuche« aus Segeltuch. Je nach Größe des Fußes reichen sie uns bis zur halben Wade, den Männern nur etwa eine Handbreit über den Knöchel. Mit diesen Segeltuch-

»Strümpfen« steigt man dann in die ungefütterten Gummigaloschen, und das auch im Winter. Im zweiten Winter bekamen wir vereinzelt Filzstiefel, aber die waren schon defekt. Man muß jedesmal vor Eintritt in die Baracke säuberlichst den trockenen Schnee abklopfen, damit der tauende Schnee nicht den Filzstiefel durchnäßt. Der einmal naß gewordene Stiefel bietet keinen Kälteschutz mehr.

Da unser Lager nur Waldarbeit (Schwerstarbeit) zu bieten hat, werde ich mit anderen Gefangenen der Arbeitsgruppe 3 in ein anderes Lager transportiert. Dort werden wir in der Torfproduktion eingesetzt. Hier ist ein riesiges Moorgebiet mit einer unbeschreiblichen Fernsicht, die durch keinen Baum und kein Haus unterbrochen wird. Weit entfernt am Horizont sind mehrere Türme gleich Masten eines Schiffes auf hoher See sichtbar. Das soll ein Elektrizitätswerk sein, das mit Torf gespeist wird. Diese riesenhafte Fläche ist in einzelne Felder unterteilt, die durch Metallröhren von etwa einem Meter Durchmesser begrenzt sind. Durch dieses Röhrensystem werden die einzelnen Parzellen unter Wasser gesetzt und anschließend trockengelegt. Später fährt eine Maschine darüber und markiert die vier Ränder des Torfziegels. Bei dem hiesigen reinen Landklima ist die Sonneneinstrahlung im Sommer sehr stark, so daß sich die Ränder der Ziegel hochwölben. Unsere Arbeit ist dann, die Ziegel mit den Händen herauszureißen und mit den trockenen Flächen gegeneinander zu stellen, so daß die feuchten Unterflächen trocknen können.

Da wir völlig ohne Handschutz arbeiten, bluten die Fingerkuppen schnell. Das ist zwar schmerzhaft, aber die Arbeit könnte ich leisten, wenn mein Kreislauf mitmachen würde. Man geht in Grätschstellung über zwei Reihen und reißt mit jeder Hand einen Ziegel heraus. Die starke Sonneneinstrahlung trifft ja nicht nur den Torf, sondern auch uns, und das in gebückter Stellung. Wenn ich mich aufrichte, sehe ich nur noch Kreise vor den Augen und habe ein Rauschen in den Ohren, und dann schwindet das Bewußtsein, ich falle auf meine aufgestellte Torfreihe. Einmal will mich ein Posten im Fall mit dem Kolben des Karabiners aufhalten, er glaubte wohl, daß ich simuliere. Ich muß mit dem Gesicht voll auf den Kolben geschlagen sein, das zeigten die Hämatome im Gesicht. Gegen die militärischen Posten sonst war hier eigentlich nichts zu sagen, schlimm waren hier die Brigadiere (Beaufsichtigender der Arbeitsgruppe, Einsatzleiter). Diese sprechen alle Deutsch, sie waren wohl in Deutschland gewesen, tragen Zivil und versuchen mehr oder minder mit Menschenschinderei ihre Bewährung zu erlangen. Einer ist besonders grob und niederträchtig. Man sagte ihm nach, daß er schwangeren Frauen in den Leib getreten habe etc. Als ich einmal wieder aufwache und mich aufrichte, sitzt er mir gegenüber; Schreck und Entsetzen müssen sich deutlich auf meinem Gesicht gezeigt haben. Aber ich glaube meinen Ohren nicht zu trauen, als er sagt: »Du sollst nicht sterben, Du sollst wieder nach Hause kommen.« Ich frage die Frauen gleich, was geschehen ist. Sie sagen mir, daß dieser Mann sich völlig korrekt verhalten hätte, und die Kameradinnen angewiesen habe, mich gut zu lagern. Wie elend muß ich gewesen sein, wenn so ein Mann plötzlich zum Nachdenken kommt. Vielleicht hatte er selbst schlechte Erfahrungen mit Deutschen oder in Hitler-Deutschland gemacht, die er erst allmählich abbauen konnte. Nun kommt aber noch das Schlimmste, der Rückweg. Die Rohre sind zugleich die Gehwege, das ist normalerweise auch nichts Besonderes, aber jetzt zittern mir schon die Knie, wenn ich vor den Röhren stehe; denn in meinem derzeitigen körperlichen Zustand habe ich große Balanceschwierigkeiten. Man kann auf den Röhren nur hintereinander gehen. Der Brigadier weist die Posten an, einer vor, einer hinter mir zu gehen und die Karabiner rechts und links als Seitenstütze für mich zu tragen. So kommen wir ohne Zwischenfälle ins Lager zurück. Am nächsten Tag werde ich vorübergehend von der Arbeit dispensiert. Ich weiß nur wenig von den folgenden Tagen, ich schlafe wohl vorwiegend. Am Tage hole ich mir gelegentlich etwas Tee, aber das bedarf jedesmal großer Willenskraft und Anstrengung, obwohl die dafür bereitgestellten großen Kessel ganz in der Nähe meiner Baracke stehen. Sie sehen wie Metallsilos aus, darin wird das Wasser abgekocht, das im ungekochten Zustand gesundheitsschädigend ist. Abends bringen mir die Kameradinnen die Wassersuppe mit. Immer deutlicher zeigen sich bei mir die Symptome der Dystrophie: Die Beine sind vom Wasser, das sich darin staut, bleischwer. Der Weg zu den nahen Teebehältern schaffe ich kaum noch. Als ich eines Tages wieder einmal auf ebener Strecke umfalle, merke ich im Wachwerden, daß mich jemand aufrichtet. Es ist Dr. Kutschina. Es ist unfaßbar, wie kommt er hierher? Auch er ist offensichtlich sehr betroffen, mich hier und in diesem Zustand wiederzusehen. Nachdem ich wieder stehen kann, geht er eilig fort. Das wird mir erst später klar; denn in diesem Zustand ist auch die gedankliche Leistung stark herabgesetzt und verlangsamt. Gegen Abend kommt ein anderer Arzt zu mir, er nimmt meine gestauten Beine zur Kenntnis, kontrolliert meinen Puls und meine Körpertemperatur, die schon längere Zeit zwischen 35,8–35,6 Grad liegt. Als er das Thermometer betrachtet, sagt er: »Nun sterben Sie mir nicht unter den Händen, warten Sie wenigstens bis ich draußen bin.«

Im Verlauf des weiteren Abends, es ist schon dunkel, kommt ein Wachposten in die Baracke und ruft meinen Namen. Er hat es schrecklich eilig mit mir und erzählt mir, daß ich in eine Arbeitsbrigade komme, das habe Dr. Kutschina angeordnet. Ich verstehe die Welt nicht mehr; meine Untertemperatur hat sich verschlechtert, wenn ich ein paar Schritte gehe, rast mein Herz, daß ich es im Halsbereich beängstigend fühle. Was soll ich in einer Arbeitsgruppe? Das soll Dr. Kutschinas Entscheidung sein? Ich bin die einzige aus der ganzen Baracke und torkele mehr als ich gehe mit dem Militärposten zur Wache. Vor dem Lager steht ein Zug mit zwei oder drei Waggons, die sogar mit Sitzbänken ausgestattet sind. Die anderen Häftlinge sind schon drin, ich bin die letzte, die einsteigt, und sofort fährt der Zug ab. Von der Nacht weiß ich nichts mehr, wahrscheinlich habe ich wieder geschlafen.

Welche Überraschung am nächsten Morgen, der Zug hält irgendwo in freier Landschaft; ich sehe nur grünes, sanft welliges Weidegebiet mit Pferden. Ich kann mich gar nicht sattsehen, als so schön empfinde ich das Bild. Nach der Schinderei im Sumpfwald und im Moor ist das für mich ein Paradies. Unsere Gruppe setzt sich ohne Abzählen und ohne Fünferreihenordnung langsam in Bewegung. Eine Frau im mittleren Alter kommt zu mir und fordert mich auf, mich bei ihr einzuhängen. Und dann geht plötzlich Dr. Kutschina neben mir und sagt: »Ursula, Sie werden es nicht verstanden haben, aber im Lager wären Sie nicht mehr gesund geworden. Sie werden sich hier zunächst nur erholen, und später werden Sie dann ganz leichte Arbeit verrichten.« Ich kann überhaupt nicht antworten, ich bin einfach sprachlos. Ganz heiß, fast schmerzhaft steigen mir Tränen in die Augen; aber diesmal sind es Freudentränen, denn ich fühle selbst, daß ich wieder einmal gerettet wurde. Und dann haben wir auch schon den kurzen Weg zur Kolchose geschafft. Das war meine letzte Begegnung mit Dr. Kutschina, und ich habe ihm nicht einmal danken können.

Auf der Kolchose

Ein Teil der Frauengruppe, zu der auch ich gehöre, wird in eine provisorische Unterkunft geführt. Es ist eine leere Scheune mit einer dicken, frischen, sauberen Strohschütte. Die Türen sind weit geöffnet, und kein Bretterzaun versperrt uns die Sicht. In knapp 100 Meter Entfernung ist das Hauptgebäude, wo wir anschließend zum Essen hingehen. Das Gelände steigt leicht an, und der kurze Weg fällt mir sehr schwer. Es ist kaum zu fassen, dort erwartet uns ein heller Raum mit Tischen und Bänken, und auf den Tischen stehen im Platzabstand mit Suppe gefüllte Blechschüsseln für uns bereit. Welch ein Komfort, seit Monaten habe ich an keinem Tisch gesessen. Aber essen kann ich zunächst nicht, ich bin von dem kurzen Weg völlig erschöpft. Als ich es dann doch versuche – ich bin wirklich keine hastige Esserin, ganz im Gegenteil – muß ich nach den ersten Löffeln Suppe heftig erbrechen; ich habe das Gefühl, als würden meine Schleimhäute zerreißen, denn die Suppe kommt aus Mund und Nase zurück. Ich bin am ganzen Körper naß vor Anstrengung, als mich meine Kameradinnen wieder zum Eßraum bringen. Hier bricht man inzwischen zur Arbeit auf, der Natschaljnik (Vorgesetzter, Leiter des gesamten Arbeitseinsatzes auf der Kolchose) gibt mir ein Zeichen, sitzen zu bleiben. Es dauert eine Zeitlang, bis sich mein Pulsschlag etwas beruhigt hat, dann mache ich noch einen Versuch zu essen, und diesmal klappt es. Langsam schleiche ich danach zur Scheune zurück, es geht bergab, die Türen stehen noch immer offen, und ich lasse mich auf das weiche Stroh fallen, wunderbar!

Wie sich die Bilder gleichen; ich denke an das letzte Jahr in meinem Elternhaus zurück. Seit dem Ende des Polenfeldzuges hatten wir zu Hause immer ein Kriegsgefangenenkommando mit deutschen Wachposten im landwirtschaftlichen Einsatz; zuerst Polen, dann Franzosen; als diese abgezogen wurden – sie kamen nach gewisser Zeit in freie Arbeitsverhältnisse –, wurden uns sowjetische Kriegsgefangene zugeteilt. Zuvor mußten wir eine Verpflichtung unterschreiben, daß wir ein Drittel »aufpäpplungsbedürftige« Gefangene (so wörtlich!) aufnehmen. Auf die Frage: »Heißt das, zwei sind noch gehfähig, der Dritte nicht mehr?« »Ja, so ungefähr«, lautete die schamlose Antwort. Wir mußten unsere neuen Gefangenen wirklich sehr vorsichtig ernähren, aber sie erholten sich alle relativ rasch. Als ich eines Tages durch den Pferdestall ging, hörte ich ein leises Stöhnen; in einer der leeren Boxen für Stuten mit Fohlen lag einer unserer Gefangenen im Stroh. Es war Didjenkow, er hatte große Schmerzen. Ich rief einen unserer deutschen Wachposten (Landesschützen war die offizielle Bezeichnung), um mit ihm zu überlegen, wie wir dem Mann helfen könnten. Der Wachposten schlug das Lagerlazarett vor, da raffte sich Didjenkow auf, um seine totale Ablehnung kundzutun; er will auf keinen Fall in das Lager zurück. Er habe diese Schmerzen seit Jahren immer wieder einmal, das gehe auch wieder vorbei. Ich bat dann unseren Hausarzt Dr. Beckmann zu uns. Er tat uns den Gefallen, Didjenkow zu untersuchen. Dieser hatte eine Gastritis, er sprach auf die anschließende medikamentöse Therapie gut an und gesundete bald. Er war in allen Arbeiten sehr geschickt und zuverlässig, daher lernte ich ihn als Kutscher an. Es war immer schwierig für Russen zu begreifen, daß Trakehner Pferde nicht auf Geschrei – weder russisch noch deutsch – reagieren, sondern Zügelführung benötigen. Bei einer solchen »Fahrstunde« machte ich ihn auf eine Schneewehe aufmerksam. Didjenkow lachte: »Das ist nicht viel Schnee, in Sibir ist viel Schnee, Gaßpascha [Frau, Herrin] vier Wochen Sibir, dann tot.« Ich fragte, ob er in Sibirien gewesen sei. Er erzählte, daß er drei Jahre, bis zum Krieg, im Straflager war. Welche Tragik, auch er mußte unter zwei Diktaturen leiden.

Auch mir läßt der Natschaljnik ein paar Tage Zeit, um mich etwas zu erholen, dann hat er eine »Arbeit« für mich. Mit einer älteren, genauso elenden Verschleppten – es ist Frau Tolksdorf, eine ehemalige Lehrerin von mir – schickt er mich zu einem nahen Kohlfeld, um dort die Raupen abzusammeln. Das Feld ist unbeschreiblich groß, man kann seine Ausmaße nur nach Kilometern bestimmen. Die Reihen laufen auf einen Wald zu, den hätten wir gerne einmal aufgesucht, aber wir haben ihn nie erreicht. Der Kohl ist gut gewachsen und hat schöne große Blätter; nach einigen Metern legen wir uns jeder in eine Furche und schlafen bis zum Mittagsgongschlag. Ich bemerke deutlich eine langsame Besserung bei mir, ich kann wieder sicherer gehen, und die Strecken werden auch immer länger. Frau Tolksdorf hat es da schwerer, sie ist schon fünfzig, ihr Körper kann sich nicht so schnell regenerieren, sie ist von der Kolchose aus wieder ins Lazarett gekommen.

Am nächsten Tag werde ich einer sehr netten älteren Sibirierin zugeteilt, Marija heißt sie. Sie geht mit mir zuerst in ihr Zimmer. Schon unterwegs zeigt sie ihre Empörung über mein Schuhwerk; es sind ungefütterte Gummigaloschen. Wenn Russen ihre Empörung besonders verdeutlichen wollen, dann spucken sie nach jedem Satz aus, und dies tut Marija meisterhaft. In ihrem Zimmer angekommen, gibt sie mir zunächst etwas zu essen; eingelegte grüne Tomaten, Gurken und einen Becher Milch. Während ich esse, kramt sie in ihrer Abstellkammer herum und bringt ein Paar knöchelhohe Schuhe für mich. Die sind zwar etwas groß, besonders in der Breite, aber sie schützen nicht nur die Füße, ich kann auch besser darin gehen. Ich bedanke mich, und Marija freut sich, daß die Schuhe passen. Dann gehen wir über den weiträumigen Kolchosenhof. Marija redet unentwegt freundlich auf mich ein, ich verstehe kein Wort. Was erwartet mich jetzt wohl für eine Arbeit? Schließlich stehen wir vor einem sehr großen Schuppen, Marija öffnet die Türe, und ich sehe nur riesige Teile von großen, typischen Sowjettraktoren. Oh Gott, soll ich hier etwa aufräumen? Aber nein, am Ende des Schuppens liegt ein großes Militärzelt, wohl deutscher Herkunft, das ziehen wir vorsichtig ins Freie. Wir breiten das Zelt in der Sonne aus, drinnen befinden sich Mohrrübensamen, die trocknen sollen. Da die Kolchose auch Hühner hat, ist es meine Aufgabe, den Samen zu bewachen. Ich denke da unwillkürlich an einen Ausspruch unserer Arbeiter zu Hause. Die sagten, wenn jemand sehr ungeschickt war: »Der gehört nur noch auf's Möhrenbeet.« Dabei war wohl an eine Vogelscheuche gedacht. Ich muß lächeln, soweit ist es jetzt mit mir gekommen. Marija sieht mein Lächeln und freut sich, sie erzählt es gleich dem Natschaljnik, der zufällig des Weges kommt, und sich dabei nach meinem Ergehen erkundigt. Ich blieb noch ein paar Tage bei Marija, wir ernteten noch Kohl- und andere Samen gemeinsam.

Inzwischen sind wir in einen Raum nahe des Hauptgebäudes umgezogen. Hier stehen die üblichen Pritschen, diesmal dreistöckig. Und es gibt auch einen kleinen Drahtzaun, aber der hat eigentlich nur symbolischen Wert. Ich bedaure den Umzug sehr, in der Scheune war es richtig romantisch. Dort kann man bisweilen aus der Ferne das Rollen eines Pferdewagens mit dem typischen Knarren der Holzräder hören, gelegentlich auch leisen, fernen Gesang, wenn die Windrichtung günstig ist. Und aus der Gegenrichtung, vom Walde her ein paar mal das Heulen eines einsamen Wolfes. Vielleicht hatte er sein Rudel verloren. Die Wölfe sind im Sommer im allgemeinen ungefährlich und meiden menschliche Siedlungen. Aber noch eine weitere Veränderung ist eingetreten: Wir haben eine sowjetische Krankenschwester bekommen. Wir glauben zu unserer Betreuung, aber sie sieht ihre Aufgabe ganz anders. Gerade zu uns Frauen ist sie wirklich widerlich; sie beschimpft uns grob und nennt uns nur Huren. Sie weiß nicht oder will gar nicht wissen, wie unser körperlicher Zustand ist, den jeder Laie erkennt. Für sie zählt nur der Arbeitseinsatz. Sie ist zwar hochschwanger, aber sie klettert jeden Morgen bis auf die oberste Pritsche, um ja niemanden zu übersehen. Bei ihr gibt es kein Pardon.

In diesem Lager begegnet mir eines Abends wieder Pfarrer Palm. Wir waren auf der Fahrt in die UdSSR im gleichen Transport und sind uns erstmalig im Wald-Arbeitslager begegnet. Dort haben wir uns bald aus den Augen verloren. Wir berichten einander, was uns inzwischen widerfahren ist. Dabei erwähne ich auch Dr. Kutschina und bezeichne ihn als »meinen Schutzengel«. Pfarrer Palm bezeichnet die Gefangenschaft als grausam und menschenverachtend, die Frauen seien davon am schlimmsten betroffen, und fügt dann hinzu: »Wenn Sie das weiterhin überleben sollen, dann muß Sie schon ein Geschwader von Engeln umgeben.« Es ist klar, daß wir bei Einbruch des Winters wieder in ein Hauptlager des Gulag müssen. Pfarrer Palm ist Ende dreißig, groß und von sportlicher Konstitution. Jetzt ist auch er sehr entkräftet und elend, aber er schafft die Arbeit auf der Kolchose, er erreicht sogar die Normenzulage, das ist hier ein Becher Milch. Obwohl es hier noch ziemlich warm ist, kommt er abends immer mit einer umgehängten Steppjacke ins Lager, darunter verbergen sich ein bis zwei Tomaten oder im Kartoffelfeuer geröstete Rote Beeten oder Kartoffeln für mich, und er teilt auch noch seinen Becher Milch mit mir. Obwohl wir hier in der Landwirtschaft tätig sind, gibt es auch nur die üblichen Wassersuppen, zwar etwas geschmackvoll zubereitet, aber der Eiweiß- und Vitaminmangel ist gravierend. Ebenso notwendig ist es aber auch, ein gutes Gespräch führen zu können. Das gilt schon im allgemeinen Leben, aber hier ist es besonders wichtig. Da stellt sich die seit dem Altertum unbeantwortet gebliebene Frage erneut: »Warum läßt Gott das Übel in der Welt zu?« Schließlich landen wir beim Alten Testament; danach ist alles eine Wiederholung. Denn schon im dritten Jahrtausend v. Chr. sei solches geschehen. Aber jetzt leben wir im 20. Jahrhundert, und ich berufe mich auf die europäische Kultur, die Werke, die Geisteswissenschaften, Literatur, Musik und Bildende Kunst hervorgebracht haben. Sind alle diese Entwicklungen am Menschen vorbeigegangen, wenn sein heutiges Handeln noch dem vor 4500 Jahren entspricht? Manchmal schmieden wir auch Zukunftspläne, ob wir noch rechtzeitig zurückkommen, um am Wiederaufbau Deutschlands mithelfen zu können? Wir haben ja keine Ahnung davon, was uns, die wir aus dem deutschen Osten kommen, erwartet.

Eines Tages trifft bei uns eine Ärztekommission ein. Als Pfarrer Palm ins Lager kommt, informiere ich ihn und muß ihn sehr ermutigen, sich der Kommission vorzustellen. Ich selbst habe gar keinen Versuch gemacht, mich hätte diese Krankenschwester keineswegs vorgelassen. Noch in derselben Nacht wird Pfarrer Palm mit einigen anderen Männern zum Heimtransport aufgerufen. Es hat ihn sehr gequält, daß er sich nicht verabschieden konnte. Seine Kameraden informierten mich und richteten mir aus, daß er nach meinen Angehörigen forschen wird.

Inzwischen bin ich buchstäblich wieder sicher auf den Beinen, so daß ich mit meinen Kameradinnen zusammen bei der Kartoffelernte eingesetzt werden kann. Wir arbeiten mit russischen Frauen, die zur Kolchose gehören, also keine Sträflinge sind, zusammen. Eine der Frauen war etwas schwierig und hatte offensichtlich auch mit ihren Landsleuten Probleme. Eines Morgens kommt sie strahlend auf das Kartoffelfeld und verkündet, daß Micha, ihr Mann, heimgekehrt sei. Bei der Heimkehr eines Soldaten bekam die Ehefrau einen Tag arbeitsfrei. Aber unsere Tamara war um zehn Uhr schon wieder weinend bei uns; Micha hatte sie bereits wieder das erste Mal verprügelt. Ja, andere Länder, andere Sitten. – Im Herbst 1945 kehrten die ersten sowjetischen Soldaten aus Deutschland heim. Das bereitete dem Regime teilweise Schwierigkeiten; denn trotz der großen Zerstörungen in Deutschland waren sie von dem Lebensstandard der Deutschen sehr angetan und darüber verwundert, da das nicht mit ihrem Bild vom kapitalistischen Klassenfeind übereinstimmt. Jedoch der große Sieg überdeckt zunächst alles und gab ihnen wohl auch die Hoffnung, den gesehenen Lebensstandard nun auch erreichen zu können.

Einmal habe ich dann doch noch auf der Kolchose kollabiert; es war abends, kurz vor Arbeitsschluß. Die russischen Frauen sollen sehr betroffen gewesen sein. Am nächsten Morgen blieb ich einfach auf meiner Pritsche liegen. Nachdem alle Frauen zur Arbeit gegangen sind, kommt der Natschaljnik, um die Unterkünfte zu inspizieren. Er sieht mich und gibt mir zu verstehen, daß ich liegen bleiben soll. Beim Herausgehen trifft er in der Türe mit der Krankenschwester zusammen. Es gibt einen heftigen Streit zwischen den beiden; er macht ihr klar, daß er die Unterkunft kontrolliert habe. Sie pocht auf ihr Recht, dies selbst nochmals zu tun. Schließlich verbietet er ihr ganz energisch den Zutritt zum Raum, und ich bin gerettet. Am nächsten Tage geht es mir wieder besser, und ich gehe mit zur Kartoffelernte. Das erschreckt die russischen Frauen sehr, eine ruft: »Da steht das tote Mädchen.« Man wirkt wohl wirklich gespenstisch, wenn man bei einer Körperlänge von 170 Zentimetern nur 38, bisweilen 39 Kilogramm wiegt und ohnehin etwas langgliedrig gebaut ist. Der Natschaljnik half mir dabei, die Frauen zu beruhigen. Eine sagte abschließend: »Warum holt Ihr die Frauen hierher, wenn Ihr sie dann verhungern laßt?«

Gemessen an dem Leben im Lager geht es uns hier relativ gut. Die Kontakte zur russischen Zivilbevölkerung sind immer sehr tröstlich. Selbst die Kinder kommen manchmal, sie nennen uns »Frietze« (Fritz) und zeigen uns ihre Schulbücher mit deutschen Lektionen. Auch das ist nur hier auf dem Lande so; als wir im Winter 1945 einmal durch eine Stadt geführt wurden, haben uns die Schulkinder bespuckt und mit Steinen beworfen. Da mußten die Wachposten uns schützen.

Wieder in einem Lager des Gulag

Mit Wehmut denke ich an die Zeit in der Kolchose zurück. Das Lagerleben hier ist nach wie vor unerträglich, ja unmenschlich. Hier gibt es weder einen Eßraum noch eine Sitzgelegenheit für uns, nur die kahle Pritsche, und keinen Platz, um einmal einen Augenblick allein sein zu können. Manchmal setze ich mich auf das Kopfende meiner Pritsche, ziehe die Beine dicht an den Körper, lege die Arme darum und den Kopf auf die Knie, um ein Weilchen nur bei mir selbst sein zu können. So träume ich von einer anderen, einer besseren Welt. Sie kann ganz bescheiden sein, aber frei möchte ich sein; ich möchte nach meinen eigenen Entscheidungen und Zielsetzungen und auch mit eigenem Risiko leben können. Es gibt einfach keine Worte, mit denen ich ausdrücken kann, wie furchtbar mich diese Haftbedingungen quälen. Und dann die Ungewißheit! Jeder Strafgefangene weiß, wie lange seine Haft dauert, er darf lesen und schreiben, hat Kontakt zu seinen Angehörigen, und er kann sicher sein, daß er die Zeit seiner Inhaftierung überlebt. Ich weiß nicht, ob und wann ich einmal meine Freiheit erlebe, ja ich weiß nicht einmal, warum ich dies alles ertragen muß. Nur weil ich Deutsche bin? In den nächsten Tagen werde ich in eine etwas abseits von unseren Unterkünften gelegene Baracke geschickt. Ich weiß nicht, was mich dort erwartet. Vorsichtshalber klopfe ich an, die Türe öffnet sich, und ich sehe eine Gruppe schwarz oder dunkelblau uniformierter älterer Herren. Einer von ihnen stellt sich vor, begrüßt mich in tadellosem Deutsch und sagt: »Wir sind zaristische Offiziere, unsere Unterkunft ist frisch gereinigt, wir lassen uns nicht von einer deutschen Frau bedienen.« Dann bittet er mich, in der Baracke zu bleiben, während sie zur Arbeit draußen sind, damit kein Unbefugter hereinkomme. Ich kann das gar nicht fassen; es kann doch kein Mensch seit der Zarenzeit in Haft sein? Das geht ja weit über meine Lebenszeit hinaus, selbst wenn sie nach der Revolution verhaftet worden sind. Das ist eine wenig ermutigende Feststellung. Sie haben inzwischen wohl gewisse Hafterleichterungen; denn es gibt hinsichtlich der Haftbedingungen vier Kategorien. Einer der ehemaligen zaristischen Offiziere wird sogar von seiner Tochter, einer sympathischen, gut aussehenden jungen Frau, besucht. Hier verbringe ich nur wenige Tage. Wenn die Männer heimkommen, erfolgt bei uns gerade die Ausgabe der abendlichen Wassersuppe, und das geschieht barackenweise. Ich habe daher leider keine Gelegenheit, Näheres über die Gefangenschaft der zaristischen Offiziere zu erfahren.

Außerhalb unseres Lagerzaunes befindet sich eine relativ neue Waldsiedlung. Ob die Leute dort freiwillig wohnen, weiß ich nicht. Auch unsere Bewachungsoffiziere wohnen in der Siedlung. Einmal hatte ich Gelegenheit, eines dieser Zimmer zu sehen; es war sauber, aber wirklich sehr bescheiden, um nicht zu sagen ärmlich. Diesmal bin ich mit fünf weiteren Frauen zum Kulturhaus geschickt worden. Wie allgemein üblich, waren nur für drei Frauen Geräte zum Putzen vorhanden. In einem großen Mehrzweckraum sehe ich nahe der linken Fensterreihe einen schönen Konzertflügel stehen. Er hat die lange Reise auch nicht unbeschadet überstanden; ihm fehlt der dritte Fuß. Ersatzweise hat man einen rechteckigen Tisch hochkant daruntergestellt. Neugierig öffne ich vorsichtig den Deckel über der Tastatur und sehe die Firmenbezeichnung »Bechstein«. Leise schlage ich einen Akkord an, der Flügel ist natürlich verstimmt, aber ich habe es mir schlimmer vorgestellt. Meine Kameradinnen fordern mich zum Klavierspielen auf. Oh je, mit dem klassischen Repertoire meines Klavierunterrichtes kann ich hier nichts ausrichten, und die Fingergeläufigkeit ist auch nicht mehr gegeben. Also versuche ich zaghaft, zunächst nur mit der rechten Hand, eine leichte Melodie zu finden, und mir fällt nichts passenderes ein als »Davon geht die Welt nicht unter …« Je näher die Katastrophe des Kriegsendes rückte, desto mehr Optimismus verbreiteten die staatlich zensierten deutschen Filme. Das war ein Schlager aus einem solchen Film. Langsam habe ich selbst Spaß daran, und es folgen noch einige gängige Schlager und Chansons; mancher Ton geht auch daneben, aber unsere Frauen singen und summen mit. Die Arbeit ist längst fertig, und auch ich mache Schluß und sehe mit Überraschung, daß wir nicht mehr unter uns sind. Die Leute draußen glaubten wohl, daß im Kulturhaus ein Sonderprogramm läuft, sie waren hereingekommen und machten erfreut mit. Und ich hatte einen neuen Namen: »Artistka«, ein hochgeschätzter Beruf in Rußland.

Inzwischen ist es Mitte November, und es liegen zwischen 30 und 40 Zentimeter Schnee. Im Lager macht eine Parole die Runde, wir Frauen sollen auf eine Sowchose zur Kartoffelernte. Eine Sowchose ist ein Staatsgut; eine Kolchose ist eine landwirtschaftliche Produktionsgenossenschaft. Als man mir das erzählt, muß ich lachen. »Der Mißwirtschaft hier sind zwar keine Schranken gesetzt, aber das geht doch wohl zu weit.« Irrtum: Zwanzig unserer Frauen – ich gehöre dazu – und vier polnische Männer werden mit einem Wachposten zu Fuß zur Sowchose geschickt, die rund einen Tagesmarsch entfernt liegt. Auf dem Wege liegt auch die Stadt »Jegorjewsk«. Unser Posten führt uns an einer »arbeitenden« orthodoxen Kirche vorbei, er geht zum Popen, und die Kirche wird für uns geöffnet. Es ist eine sehr kleine Kirche mit auffallend vielen Kunstschätzen; denn es ist die einzige »arbeitende« Kirche in der 120000 Einwohner zählenden Stadt. Wir wissen die freundliche Geste unseres Wachpostens sehr zu schätzen. Ganz unvermittelt stehen wir nun in einem sakralen Raum; können wir überhaupt noch beten? Es gehört schon viel Kraft dazu, sich in diesem Elend nicht auch von Gott verlassen zu fühlen. Wir brechen bald wieder auf, denn wir müssen heute noch das Ziel erreichen. Dieser Wachposten schreit nicht, treibt uns nicht an, er ist rücksichtsvoll. Nach weiteren Kilometern erreichen wir eine dörfliche Siedlung, die auf mich wie immer ausgesprochen pittoresk wirkt. Es ist ein Reihendorf mit einem sehr breiten Fahrweg, in der Mitte der Brunnen und rechts und links völlig geschlossene Häuserzeilen; denn auch der Hof zwischen zwei Holzhäusern wird mit einem hohen Bretterzaun mit Tor abgeschlossen. Diese typische Bauweise entstand zum Schutz gegen Wölfe. Hier ist die rechte Häuserzeile genau gegenüber dem Brunnen durch einen Turm unterbrochen; es ist der Schuppen für die Feuerspritze. Unser Wachposten läuft herum und holt den Schlüssel für die Eingangstür. Es kommt nämlich ein Sturm auf, und er möchte uns schützen. Er öffnet die Tür, und ich sehe fünf oder sechs aufgebahrte, völlig entkleidete Leichen und trete unwillkürlich zurück. Stephan – so hat sich unser Wachposten inzwischen vorgestellt, und er wünscht, daß wir ihn so anreden – fragt, ob es mir gefallen würde, wenn ich tot bin und meine Kameraden Angst vor mir hätten. Ich erkläre ihm, daß es nicht Angst ist, sondern Respekt, verbunden mit dem Wunsch, die Ruhe der Toten nicht zu stören. Seltsam, das fällt mir erst in diesem Augenblick auf, daß ich bisher kein einziges Wort mit dem Wachposten gewechselt habe; ich habe auch kein Gesicht zur Kenntnis genommen, ich sehe irgendwie über sie hinweg. Es sind für mich Wesen, die eine für mich bedrohliche Funktion ausüben.

Am Abend erreichen wir die Sowchose. Was uns dort erwartet, ist wirklich unglaublich; ich kann die dunkle, stinkende Erdhöhle, die uns dort als Unterkunft gegeben wird, kaum beschreiben. In Ostpreußen wäre das eine Miete zum Überwintern von Feldfrüchten gewesen. Der niedrige, langgestreckte Raum war aus dem Erdreich herausgehoben worden, oberhalb des Erdbodens setzte dann eine gewölbte Überdachung ein. Innen sind in der Mitte drei oder vier Holzpfosten, die die Überdachung stützen und den Raum etwas unterteilen. An dem einen Giebelende ist die Eingangstür, am anderen Ende gegenüber ein kleines Stallfenster als einzige Lichtquelle. Neben der Tür ein Lehmofen. An den Wänden rechts und links jeweils eine lange Pritsche von Wand zu Wand. Wir Frauen nehmen die Pritsche auf der linken Seite, die vier Polen quartieren sich auf der gegenüberliegenden Seite ein. Am nächsten Morgen werden wir zu einem schneebedeckten Feld geführt. In größerem Abstand ragen dünne, schwarze Pflanzenspitzen aus dem Schnee, erfrorene Kartoffelstauden. Unsere Aufgabe ist es, unter dem Schnee aus der gefrorenen Erde Kartoffeln zu ernten. Als Arbeitsgerät stehen einige Spaten und defekte Forken zur Verfügung, damit lockert einer den Boden auf, ein anderer sammelt mit bloßen Händen die gefrorenen Kartoffeln aus dem Boden auf, die dann per Arbeitsschlitten zur Sowchose gefahren werden. Natürlich machen wir das sehr flüchtig und treten auch das gefrorene Kartoffelkraut teilweise einfach herunter.

Am nächsten Tag müssen wir dann den mit Schnee und Erde durchmischten und neu gefrorenen Acker erneut mit unseren ungeschützten Händen durchwühlen. Und das Feld war sehr groß. Was sollte das überhaupt? Ist es reine Schikane, oder muß die Sowchosenleitung zum Jahresende berichten, daß die Felder abgeerntet sind, gleichgültig was da geerntet wurde? Und dann die grauenvolle Unterkunft. Einer der jungen Polen wollte eine Beleuchtung beschaffen. Er hatte durch den Deckel einer leeren Konservendose ein Loch gebohrt, ein Stück Stoff hindurchgezogen und wollte Petroleum besorgen. Er hatte versehentlich

Benzin anstatt Petroleum eingefüllt. Es soll eine Explosion gegeben haben, bei der der junge Mann zu Tode kam.

In all dem Elend erreicht uns dann noch die Nachricht, daß in unserer Unterkunft noch zwanzig weitere Gefangene untergebracht werden sollen; es sollen Hiwis sein, das heißt sowjetische Soldaten, die in deutscher Kriegsgefangenschaft sich der deutschen Wehrmacht für Hilfsdienste zur Verfügung gestellt hatten. Irgendwann ist selbst hier das Ende der Zumutbarkeit erreicht. Diese menschenunwürdige Unterkunft widert mich an, ist so demütigend. Im allgemeinen gehöre ich zu den Gefangenen, die den Kameradinnen Mut zum Durchhalten geben, aber jetzt, da mich selbst der Mut verläßt, kann ich nicht sprechen. Mir fallen die zaristischen Offiziere ein; könnten sie überhaupt noch in der Freiheit leben, oder ist ihnen das Lagerleben zur zweiten Natur geworden? Wieviele mögen gestorben sein, wieviele haben freiwillig den Tod gewählt? Wie weit kann man die Erniedrigung noch hinnehmen? Bin ich vielleicht eines Tages körperlich und seelisch so geschwächt oder zerstört, daß ich alles ertrage? Davor habe ich die größte Angst, daß ich einmal die Grenze der Zumutbarkeit nicht mehr erkenne, daß ich nach und nach ein Stück meiner Persönlichkeit verlieren könnte und die Gegebenheiten stumpf und willenlos hinnehmen würde. Damit hätte ich aufgehört, als Persönlichkeit zu existieren, und das ist schlimmer als der physische Tod. Um sein Leben zu beenden, dazu braucht man im Gulag nicht selbst Hand anzulegen, man muß nur auf den bewachten Zaun zugehen und den immer frisch geharkten Sicherheitsstreifen (Todesstreifen) betreten. Die Angst vor dem Erschießen besteht nur so lange wie der Glaube an das Überleben. Diese Hoffnung ist jedoch immer wieder Schwankungen ausgesetzt; wenn sie erloschen ist, dann schwindet die Angst, erschossen zu werden, denn das wäre ja nur das Ende eines unsagbaren Leidens. Wenn man so weit ist, dann hat man eine weitere Stufe der inneren Freiheit erreicht. Wie oft habe ich schon die elende Hoffnung verwünscht, die mich an dieser letzten Verzweiflungstat hindert. Und ganz automatisch gehe ich auf den Bewachungszaun zu. Ich weiß nicht, ob der Wachposten mich gewarnt hat, ich erwarte nur den befreienden Schuß. Aber nichts geschieht. Völlig unerwartet steht ein Wachposten neben mir, er ist groß und spricht auf mich ein, ich weiß nicht in welcher Sprache, es geht völlig an mir vorbei. Plötzlich beugt er sich auf ein Knie herunter, hält seine Kalaschnikow quer zwischen uns und sagt beschwörend: »Geh nicht, dann muß ich schießen, und das kann ich nicht!« Mir treten die Tränen in die Augen, und es kommt wieder zu jenem krampfartigen Weinen, das ich absolut nicht beherrschen kann. Der Posten geht zu unserer Unterkunft; ein paar Frauen kommen, um mich hereinzuholen. Der Wachposten war Stephan, der uns hierher gebracht hat. Er fordert die Frauen auf: »Holt Eure Kameradin rein, der geht es nicht gut.« Die polnischen Frauen wußten zu berichten, daß Stephan im Zivilleben Geiger am Kirow-Theater in Leningrad gewesen ist.

Am nächsten Tag zogen die Hiwis in unsere Erdhöhle ein. Sie bezogen mit den jetzt nur noch drei polnischen Männern die gegenüberliegende Pritsche und benahmen sich außerordentlich diszipliniert. Untereinander hatten sie manchmal Streit, es waren die verschiedensten Völker der Sowjetunion in dieser Gruppe vertreten. Ich habe besonders einen Kirgisen in Erinnerung, der etwas zum Jähzorn neigte, so daß mancher Streit auch handgreiflich ausgetragen wurde. Uns Frauen gegenüber benahmen sich alle tadellos, ja sogar sehr höflich. Viele von ihnen hatten Deckadressen in der Sowchose und bekamen dadurch regelmäßig Post, auch Päckchen. Wenn wir von der Arbeit kamen, hatte jeweils einer von ihnen frischen Tee für uns alle zubereitet. Als uns die Küche einmal die gefrorenen Kartoffeln zum Essen anbieten wollte, stülpten die Hiwis dem Koch die noch heißen, übelriechenden Kartoffeln über den Kopf. Meine vorherige Ablehnung schlug in Mitleid um, die armen Kerle hatten ja nichts mehr zu verlieren. Stalin schonte überhaupt keine Gefangenen. Wie er mit diesen Männern, die für die feindliche Armee gearbeitet hatten, umgehen würde, das war nicht schwer zu erraten.

Schon während des achtzehntägigen Transportes in die UdSSR hatte ich einmal ganz akute Beschwerden im rechten Hüftgelenk; ich lag an der rechten Waggonwand und mußte morgens immer meinen an der Wand angefrorenen Mantel losreißen. Dieser akute, entzündliche Prozeß des Hüftgelenkes wird in dieser feuchtkalten Kellerunterkunft noch einmal aktiviert, und ich bin vorübergehend sehr gehunsicher. Deshalb geht Stephan mit mir zum Arzt. Das Wartezimmer ist gefüllt, die Menschen, alles einheimische Zivilarbeiter, boten ein elendes, armes Bild, ihre Gesichter waren traurig bis ausdruckslos. Wir müssen wohl noch erbärmlicher ausgesehen haben; eine sehr elende Gefangene, bewacht von einem sowjetischen Soldaten mit Kalaschnikow. Ein Fluchtversuch ist bei mir nicht zu befürchten, ich bin froh, daß ich mich aufrechthalten kann. Eine Bedrohung stelle ich für den Wachposten auch nicht dar, aber es gibt eben Dienstvorschriften. Eine Frau im mittleren Alter kommt zu Stephan. Sie sprechen offenkundig über mich, vielleicht will sie wissen, welcher krimineller Delikte ich beschuldigt werde. Dann gibt Stephan der Frau sein Bajonett (Seitengewehr) und sagt: »Das darf ich aber nicht sehen«, und dreht sich zur Seite. Die Frau holt ihre Brotration vor, teilt diese und gibt mir die eine Hälfte. Sie legt ihre Hände um mein Gesicht und sagt immer wieder »bjädniy malenkjij, bjädniy djäwuschka« – »arme Kleine, armes Mädchen.« Sie legt ihre ganze Zärtlichkeit in diese Worte. Ich kann erkennen, daß die Frau feuchte Augen hat, im Fortgehen nestelt sie an ihrer Wattejacke, sie besitzt eine Sicherheitsnadel (hier eine Rarität) und streckt sie mir an. Dann läuft sie eilig heraus.

Die Begegnung beschäftigt mich sehr. Irgendwann komme ich in das Konsultationszimmer, wenn man den dürftig ausgestatteten kleinen Raum so nennen kann. Der Wachposten muß mich begleiten, spricht kurz mit dem Arzt und verläßt dann höflicherweise den Raum. Nachdem der Arzt mich kurz untersucht hat, gibt er mir eine Salizyl-Injektion, verordnet ein paar Tage Schonung und rät mir, heiße Steine auf meine Pritsche zu legen. Die Hüftbeschwerden bessern sich schnell. In den nächsten Tagen fällt soviel Schnee, daß die Arbeit nun wirklich nicht mehr fortgeführt werden kann. Wir Frauen und die drei Polen werden von dem Wachposten Stephan in das Hauptlager zurückgeführt. Etwa auf halber Strecke steuert Stephan wieder eine Waldsiedlung an. Dort läßt er uns zunächst unbewacht stehen und läuft in mehrere Häuser und dann teilt er uns auf die Bewohner auf; er hatte wohl Sorge, daß wir den Tagesmarsch nicht ohne Unterbrechung schaffen. Ich komme einzeln zu einer netten Russin. Sie hat, wie allgemein üblich, nur ein Zimmer, es ist sauber und schlicht, aber geschmackvoll möbliert und irgendwie gemütlich. Zunächst bewirtet sie mich mit eingelegten grünen Tomaten, Gurken, ein paar gekochten Kartoffeln und einer Tasse Milch. Das mir angebotene Brot nehme ich nicht an, ich weiß, daß ihre Brotration nicht viel größer ist als die meine. Nach dem Essen gehe ich zur Ikonenecke, die sich rechts neben dem Fenster befindet. Es sind schöne alte Ikonen, noch von ihren Eltern, vermutlich Nowgoroder Schule. Dahinter steht nach alter russischer Sitte das Salz, das in alter Zeit eine Kostbarkeit war. Darunter befindet sich ein Tisch, und zwischen Tisch und Ikonenkonsole hängen Familienphotos an der Wand – Bilder aus der Zarenzeit. Die Mode der Frauen, sowohl die Kleidung als auch die Frisuren erinnern an unsere Bilder aus jener Zeit; es muß eine gutbürgerliche Familie gewesen sein. Dazwischen das Photo eines Rotarmisten und als größte Überraschung auf dem Tisch eine Postkarte mit typisch deutschem Weihnachtsmotiv, zwei Rehe in einem verschneiten Wald. Darunter steht in Deutsch »Fröhliche Weihnachten«. Ich frage nach dem jungen Mann in sowjetischer Uniform, und sie antwortet strahlend: »Das ist mein Sohn, der ist jetzt in Deutschland (dabei zeigt sie auf die Postkarte), wenn er zurückkommt, können wir zusammen nach Hause.« Ich bin total irritiert und denke nur an die Sowjetsoldaten in deutscher Gefangenschaft, und der Gedanke, daß er dort vielleicht genauso gelitten hat, belastet mich unsagbar. Wenn er dann seine Erlebnisse berichtet, wird meine Gastgeberin den Tag verfluchen, an dem sie eine Deutsche aufgenommen und bewirtet hat. Es war wohl die Angst davor, diese liebenswerte und auch vom Schicksal gezeichnete Frau zu enttäuschen. Bei einer späteren, nüchternen Betrachtung dieser Situation ist mir klar, daß der Sohn Besatzungssoldat in Deutschland ist, sonst hätte er ja keine Ansichtskarte schicken können.

Wir sind wieder im Waldlager. Die meisten Gefangenen gehen zur Waldarbeit hinaus, die Gefangenen der Arbeitsgruppe 3 werden im Lager beschäftigt. Mir wird ein Arbeitsplatz neben den tschechischen Schustern zugeteilt. Dort ist ein kleiner Raum fast bis zur Decke gefüllt mit Bindfadenrollen, wie ich sie vom Bindemäher kenne. Das Garn ist teilweise halb, teilweise mehr oder auch weniger von der Rolle abgewickelt. Diese Bindfadenrollen soll ich wieder aufrollen und ordnen. Die Tür zu den beiden Schustern bleibt immer offen, die Räume sind hell und die beiden Männer heizen gut. Zunächst muß ich in Anbetracht meiner neuen Arbeit an Penelope denken, aber so lange will ich hier doch nicht bleiben. Das Aufwickeln des Garns geht besser, als ich dachte. »Langsam, langsam!«, bremsen mich die Schuster immer und fragen, ob ich unbedingt wieder im Wald arbeiten will. Sie kochen derweil Tee und reparieren meine Schuhe, man kann sich beinahe wohlfühlen bei den beiden freundlichen Alten. Pardon, alt sind sie wohl nur aus meiner damaligen Sicht. Nach drei Wochen ist das ganze

Garn geordnet, und ich werde zum Uhrmacher geschickt. Wolfgang, dessen Nachnamen ich nicht kenne, ist Dipl.-Ing. und hat sich auf Anfrage zu dieser Arbeit gemeldet. Auch hier erscheint der Kommandant öfter mal, und bei so einer Gelegenheit fragt er Wolfgang, ob ich auch Uhrmacherin sei. Wolfgang antwortet prompt: »Nein, aber sie ist die Frau eines Uhrmachers«, und der Kommandant ist zufrieden. Wolfgang zeigt mir, wie man hier Taschenuhren reinigt; sie werden aus dem Gehäuse genommen, aufgezogen und einfach in ein Benzinbad gelegt. Wir bekommen etliche große, robuste Exemplare russischen Ursprungs, aber auch manche Uhr, die uns Grüße aus der Heimat vermitteln könnte. Öfter kommt auch ein junger sowjetischer Leutnant, er ist unverkennbar Russe oder Ukrainer. Er setzt sich zu uns, schaut zu und spricht kein Wort. Eines Tages bringt er uns einen Damenring zur Reparatur. Es ist ein Riesenexemplar, die Dame muß sehr kräftige Hände haben. Wir machen unsere Scherze darüber, und ich sage: »Solche Frauenhände gibt es in Deutschland doch gar nicht.« Anschließend stelle ich fest, daß es heute recht kalt ist. Daraufhin springt der russische Leutnant auf und fragt in fließendem Deutsch: »Soll ich die Türe schließen?« Wie peinlich! Ein Weilchen später fügt er hinzu, daß er nicht in Deutschland gewesen sei.

In dieser Umgebung merkt man gar nicht, daß zu Hause die Zeit gekommen ist, um das Weihnachtsfest vorzubereiten. Am Abend des 24. Dezember 1945 bringen unsere Soldaten eine kleine Fichtenspitze aus dem Wald in unsere Baracke. Sie wird auch geschmückt. Aus Hindenburglichtern haben die Soldaten drei richtige Kerzen gegossen, außerdem wurden ein Paar Schulterstücke oder Kragenspiegel geopfert, um diesen kleinen Weihnachtsbaum mit ein paar Silberfäden zu schmücken. Ganz leise versuchen wir »Stille Nacht, Heilige Nacht« gemeinsam zu singen, aber wir kommen nicht weit, plötzlich bellen draußen die Maschinengewehre. Bald danach wird auch unsere Tür mit großem

Getöse geöffnet, die Wachposten fuchteln mit den Schnell-feuergewehren herum und schimpfen, unser Tannenbäumchen fliegt heraus, den Männern wird Karzer angedroht. Es ist nämlich streng verboten, daß Männer die Frauenbaracke betreten und umgekehrt auch. Dann ist es totenstill. Bald erfahren wir dann doch, warum geschossen wurde. In der Nachbarbaracke waren ein Vater und sein Sohn zusammen untergebracht. Da der Junge sehr krank war und in der kaum beheizten Baracke fror, hatte der Vater Holz zum Heizen besorgen wollen. Unser Wachzaun, dessen Bretter bisher von recht unterschiedlicher Länge waren, wird auf eine Höhe von etwa fünf Metern begradigt. Das Holz liegt auf dem Sicherheitsstreifen. Der Vater hatte einem der Posten durch Blickkontakt und Gestik vermittelt, daß er nur das Holz aufsammeln wolle. Als er den Sicherheitsstreifen betrat, wurde er ohne Anruf erschossen, vielleicht von einem anderen Wachturm, wir wissen es nicht. Bis heute kann ich dieses schöne Weihnachtslied nicht normal durchsingen, noch immer ist es, als schnüre man mir den Hals zu.

Wenige Tage später werden Gefangene der Arbeitsgruppe 3 in ein Lager mit weniger geschlossenem Waldbestand gebracht, vermutlich ein Torflager. Jetzt ist Winter, aber im Sommer sind das ausgesprochene Malariagebiete. Wir werden beim Torftransport eingesetzt. Der Torf ist draußen in rechteckigen, etwa zwei Meter hohen Haufen gestapelt. Für den Transport gibt es große Schlitten, zwei Frauen ziehen und zwei Frauen schieben einen solchen Schlitten. Es fällt sehr schwer, morgens bei der schneidenden Kälte aus der Baracke zu gehen; bei Sonnenaufgang liegen die Temperaturen am tiefsten. Wenn wir dann noch lange auf unseren Abmarsch warten müssen, wird es wirklich unerträglich. Dann sind wir froh, wenn wir unsere Sträflingsarbeit aufnehmen können; in Bewegung sind diese Temperaturen etwas leichter zu ertragen. Solange die Schlitten leer sind, kann es sogar reizvoll sein, den ersten Schlitten durch den noch völlig unberührten Schnee dieser unendlich scheinenden weißen Landschaft zu ziehen.

Es sind lange Wege, die wir zurücklegen müssen. Und wenn einmal ein richtiger Schneesturm über diese weiten Flächen fegt und den Schnee ins Gesicht peitscht, dann ist das nicht nur schmerzhaft, man sieht auch den Vorderschlitten nicht. Die Spur ist sofort verwischt und die Sichtweite gleich null. Die Posten sind dann sehr nervös, sie brüllen und schimpfen, weil sie fürchten, daß wir fliehen oder anders verloren gehen könnten. Dann sind auch wir froh, wenn wir erschöpft in der Baracke sind; bei dem Sturm und mit der Last fällt auch das Atmen schwer. Der Torf wird teilweise verladen; denn in diesem Gebiet gibt es Kraftwerke, die mit Torf gespeist werden, ein kleiner Teil kommt ins Lager zum Eigenverbrauch. Am meisten vermisse ich hier meine Handschuhe, die mir bei einer der diversen Filzaktionen entwendet worden sind. Bisweilen werden meine Finger völlig weiß, steif und schmerzen sehr. Der Zählappell findet selbst in den kältesten Wintermonaten abends zwischen 21 und 22 Uhr in streng ausgerichteten Fünferreihen im Lagerhof statt. Ohne zwei bis drei Kontrollen läuft der nie ab. Wir haben das Gefühl, daß er überhaupt nicht enden will, wir sind so unsagbar müde und frieren schrecklich, zumal wir keine wintergerechte Kleidung haben. Von den Sachen, mit denen wir in Gefangenschaft gerieten, besitzen wir fast nichts mehr; gute Kleidungsstücke wurden sofort »konfisziert«.

Eines Tages, als wir wieder mit unseren Schlitten vor dem Lagertor stehen, kommt ein Mann in einer graubraunen Uniform auf mich zu und sagt in fließendem Deutsch: »Wir sind zwanzig polnische Offiziere, wir werden uns jetzt auf die Schlitten verteilen, sagen Sie den Frauen, daß sie sich etwas schonen sollen.« Er bleibt an meinem Schlitten. Ich frage mich im Stillen, wie polnische Offiziere hierher kommen, das sind doch Alliierte? Seine Bemühungen, ein

Gespräch mit mir aufzunehmen, ignoriere ich völlig. Nach einiger Zeit kommen wir durch eine Waldsiedlung. In den Siedlungen und Dörfern befinden sich draußen öffentliche Lautsprecher, die das Radioprogramm – sowohl Nachrichten etc. als auch Musiksendungen – übermitteln und den ganzen Tag eingeschaltet sind. Als wir durch den Ort gehen, wird gerade Tschaikowskys 6. Symphonie (Pathétique) gespielt und mein Begleiter fragt mich: »Was ist das?« Dann antwortet man ja unwillkürlich. Seine Antwort: »Ach, Sie können ja doch sprechen.« In einiger Entfernung von uns ist ein schon beladener Schlitten umgekippt. Die Wachposten schimpfen und gestikulieren, aber bieten den Frauen wenig Hilfe, um den Schlitten wieder aufzurichten. Mein Begleiter macht sich über die Russen im allgemeinen und die Wachposten im besonderen lustig. Nach einiger Zeit stelle ich lakonisch fest: »Ich finde es nicht nett, wie Sie über Ihre Verbündeten sprechen.« Das war eine bewußte Provokation. Stichwortartig erzählt er dann seinen Weg in die sowjetischen Straflager. 1939 geriet er in deutsche Gefangenschaft; er kam in ein Offizierslager bei Berlin. »Dort haben wir nichts zu beklagen gehabt, aber 1943 dauerte mir der Krieg zu lange, ich habe mich selbst entlassen und war anschließend im Widerstand in Warschau.« Meine Frage: »Und warum sind Sie jetzt hier?« Mein Gesprächspartner vermutet, daß die Sowjetunion von den polnischen Offizieren Widerstand auch gegen ihr Regime erwartet. Unsere beiden Arbeitsgruppen arbeiten noch einige Zeit zusammen. Es ist wirklich eine elitäre Gruppe, die Höflichkeit geht so weit, daß die Männer, die untereinander natürlich polnisch sprechen, ihr Gespräch in deutscher Sprache fortsetzen, wenn eine von uns deutschen Frauen hinzutritt. Es ergeben sich teilweise sehr gute gemeinsame Gespräche, die weit über den Lageralltag hinausgehen. Außerdem habe ich in dieser Zeit die kyrillische Schrift und etwas Russisch gelernt. Außer den Kommandos und den übelsten russischen Flüchen unserer

Wachposten hörte man nur wenig Russisch im Lager. Mit der Schneeschmelze endet die Transportarbeit für uns. Sobald die Bodenverhältnisse es zulassen, beginnt für uns Frauen wieder die Torfarbeit. Eines Tages nach der Arbeit werde ich von meinen Kameradinnen aus der Baracke gerufen. Draußen erwarten mich zwei der polnischen Offiziere, um sich zu verabschieden. Der eine von ihnen besitzt eine gute Kamelhaardecke, die er mir schenken will. So ein großes Geschenk kann ich auf keinen Fall annehmen. Er aber zeigt auf die Wache, als gerade ein Posten heraustritt; höchstens bis zur Wache würde er die Decke bringen, meint er, und dann wird sie ihm von einem sowjetischen Posten abgenommen, dann sei es ihm lieber zu wissen, daß ich für den Rest meiner Gefangenschaft eine Decke habe. Auch ich würde diese nicht durch die Wache bringen können, aber bis zu meiner Entlassung täte die Decke mir gute Dienste. Das ist einleuchtend, ich bedanke mich und kann mich neidlos mit den Polen über ihre bevorstehende Entlassung freuen. Der »Deckenbesitzer« hatte eine schwedische Mutter, aber er wollte ganz bewußt nach Polen entlassen werden, weil Polen jeden Mann zum Wiederaufbau brauche. Hoffentlich sind diese Männer wirklich nach Hause gefahren worden; später wurden bisweilen Zweifel darüber laut.

Wenn man in Westeuropa von Nordrußland spricht, denkt man zunächst nur an lange, sehr kalte Winter, aber man vergißt bisweilen, daß sich das ausgesprochene Kontinentalklima ebenso durch kurze, sehr heiße Sommer auszeichnet. Die Sonne brennt, und in dem Torfgebiet gibt es keinen Baum oder Strauch, der Schatten spenden könnte. Dazu kommen die Moskitos, die uns in dieser Jahreszeit in den Torf- und Sumpfgebieten sehr plagen. Nachts finden wir auch wenig Ruhe, weil die Wanzen in den Baracken völlig überhand genommen haben. Sie fallen sogar frei von der Decke. Daher schlafen wir draußen, denn mit Regen ist im Hochsommer selten zu rechnen. Gut, daß ich die Decke habe, jetzt ist mein Innenpelz, den ich erstaunlicherweise noch immer besitze, die Unterlage, und mit der Kamelhaardecke decke ich mich zu, richtig komfortabel kann ich mich jetzt betten. Ein paar Insektenstiche bekommt man in der Nacht zwar, aber das ist nicht nennenswert im Vergleich zu einer Nacht in der Baracke mit Wanzen, nach der man mit Stichen übersät ist.

Morgens um fünf Uhr ertönt das Wecksignal, an der Wache hängt ein Stück einer Eisenbahnschiene, darauf schlägt ein diensthabender Wachposten mit dem Hammer. Das gibt ein sehr durchdringendes Geräusch, das ist auch nötig; denn wir sind alle immer sehr müde. Ich schlafe praktisch überall ein, wo man mich in Ruhe läßt. Kürzlich hatte ich ein paar Tage Schüttelfrost und Fieber und brauchte nicht zur Arbeit zu gehen, ich habe in den Tagen fast nur geschlafen. Nun geht es wieder, aber ich fühle mich sehr schlapp, mir fällt die Torfarbeit unsagbar schwer. Vermutlich ist das mein erster Malaria-Anfall gewesen, aber die Erkrankung wird erst nach meiner Entlassung in Deutschland, als ich mit einem hochgradigen Fieberanfall ins Krankenhaus eingeliefert werde, diagnostiziert. Inzwischen bereitet mir die Nachtblindheit große Probleme. Zwar ist die Umgebung des Lagerzaunes von den Wachtürmen aus mit starken Scheinwerfern hell, um nicht zu sagen grell erleuchtet, aber im Inneren des Lagers, zwischen den Baracken, kann ich mich kaum orientieren. Ich empfinde diese Schatten als totale Finsternis. Eines Nachts komme ich auf dem Gang zur Latrine vom Weg ab und lande in der flachen Grube, in die die Küche Asche und Glut ablädt. Darüber bildet sich dann eine Aschenkruste, die ich gar nicht wahrnehmen kann. Beim ersten Schritt fühle ich nur eine Unebenheit, stolpere und sinke mit dem anderen Fuß tief in die Glut ein. Ich empfinde einen furchtbaren Schmerz, jetzt sehe ich die Funken und Glut und rieche meine verbrannte Haut. Ich weiß nicht mehr, wie ich in die Baracke zurückgekommen bin, vielleicht habe ich geschrien und bekam dann Hilfe. Ich weiß einfach nicht, was kurz danach geschehen ist. Die Kameradinnen lagern mich so, daß das Bein etwas erhöht ist. Aber der Schmerz läßt keinen Schlaf bei mir aufkommen. Am nächsten Morgen geht jemand zur Wache, um den Unfall zu melden. Der diensthabende Offizier schickt einen Arzt, der über meine große Wunde nur eine schmale Mullbinde wickelt und mich damit zur Arbeit schickt. Wir sind noch nicht am Arbeitsplatz, da quellen zwischen den einzelnen Bindenschlägen schon die Brandblasen dick hervor. Das Bein schmerzt grausam, und ich kann auf dem Weg über die großen Wasserrohe kaum die Balance halten. Die Arbeit ist durch die Hitze, die gebückte Haltung, den Schmerz, die Moskitos und die zunehmende Schwellung des ganzen Beines sehr erschwert, ich kollabiere mehrfach. Selbst der Brigadier und die Wachposten schauen etwas ratlos drein, sie müssen mich ja abends zum Lager zurückbringen, und gehen werde ich bestimmt nicht mehr können. Nach dem nächsten Kollaps läßt man mich einfach liegen, arbeiten kann ich beim besten Willen nicht mehr. Als dann der Rückmarsch ansteht, ist eine schmale Behelfstrage, zwei Stangen mit Segeltuch dazwischen, für meinen Rücktransport vorhanden. Am nächsten Tag sagt mir der Brigadier, daß ich in der Baracke bleiben soll. Am Tage sind die Moskitos draußen schlimmer als die Wanzen in der Baracke und für die Nachtruhe nehmen mich die Kameradinnen nach draußen mit. Sonst kümmert sich niemand um mich, kein Arzt und auch keine Sanitäter. Das Bein ist inzwischen von unten bis oben blau-rot verfärbt, die Wunde eitert und das Ungeziefer der Baracke wird vom Eitergeruch angezogen. Ich bin mir völlig darüber im klaren, daß mein geschwächter Körper die Heilung nicht mehr aus eigener Kraft leisten kann. In den weichen Balken neben meiner Pritsche ritze ich mit dem Fingernagel einen Kalender für drei Wochen ein; immer sechs kurze Striche und einen längeren Strich für eine

Woche. Ich versuche mir sachlich meine Lebenschancen auszurechnen: eine Woche schaffe ich noch, zwei Wochen vielleicht, drei Wochen werde ich vermutlich nicht mehr überleben können. Wunder gibt es nicht, und was sonst sollte mein Schicksal abwenden können? In dieser Trostlosigkeit und bei der vorhandenen körperlichen Schwäche sträubt man sich gar nicht mehr gegen das Sterben, ja sogar die Abscheu vor dem Massengrab vergeht einem. Merkwürdig, aber irgendwo ist da doch noch ein Fünkchen Hoffnung, wenn auch ganz unterschwellig, vorhanden. Ich bin wohl zu müde, zu schwach, um mich ganz, bis zur letzten Konsequenz mit diesen Gedanken auseinanderzusetzen. Inzwischen höre ich, daß die Lagerleitung mir Selbstverstümmelung unterstellt haben soll, auch das empört mich nicht einmal mehr, mir ist wirklich alles vollkommen gleichgültig. Ich befinde mich wohl in einem apathischen Zustand; ich bin ganz alleine in unserer Baracke, ich liege auf meiner Pritsche, ich schlafe nicht, aber ich bin auch nicht wach.

Einige Tage später geschieht etwas sehr Merkwürdiges, vor meiner Pritsche steht der »pallkownik« (Oberst und Lagerkommandant) mit mehreren Offizieren, darunter zwei sowjetische Ärzte. Es ist eine Kommission von Moskau hier in unserer Wildnis, das ist bisher noch nicht vorgekommen. Die Ärzte stellen einen Krankentransport für das neu errichtete Zentrallazarett Schatura zusammen. Die Visite ist sehr kurz, ein Blick auf mein Bein genügt, die Sache ist klar: »Zur Amputation ins Zentrallazarett!« Schon am nächsten Tag sollen die Kranken verladen werden.

Als meine Kameradinnen von der Arbeit kommen, freuen sie sich mit mir, von der geplanten Amputation habe ich ihnen nichts gesagt. Eine kommt auf die Idee, daß die Kamelhaardecke mir erhalten bleiben muß. Sie falten diese in ein Taschenformat zusammen, umnähen das Ganze und befestigen aus Stoffresten noch zwei braune Tragegurte an den oberen Rändern. Am nächsten Morgen holt man mich mit einer Trage ab, die Kameradinnen verabschieden mich rührend und legen mir die »Kamelhaartasche« unter den Kopf. Mir laufen Tränen über das Gesicht, soviel Kameradschaft und Liebe kann man wohl nur in solchem Elend erfahren. »Werde bald gesund!« – »Komm bald nach Hause!« – »Grüß mir die Heimat!«, und viele andere gute Wünsche gibt man mir mit.

Werde ich es schaffen? Die Russen haben keine Narkotika für ihre eigenen Leute. Zur Operationsvorbereitung gibt es einen kräftigen Wodka, und während der Operation vertraut man dann auf kräftige Pfleger und auf den unausbleiblichen Kollaps, wenn der Schmerz die Grenze des Erträglichen erreicht hat. So war es jedenfalls 1945; ob sich das inzwischen geändert hat? Und die Sterilisationsmöglichkeiten sind auch mehr als problematisch. Und wenn wirklich alles klappen sollte, was wird danach aus mir?

Es ist Ende Juni 1946, den Tag weiß ich nicht genau, aber an diesem Tage ist in Osteuropa mittags eine Sonnenfinsternis zu beobachten. Da wir uns zu diesem Zeitpunkt gerade auf einem kleinen Bahnhof befinden und umgeladen werden, kann ich dieses Ereignis teilweise verfolgen. Gegen Abend sind wir vor dem Zentrallazarett Schatura-Torf. Ein russicher Arzt im Range eines Oberst geht mit einem jungen Mann in deutscher Uniform an uns vorbei und ordnet an, daß zunächst nur die Schwerkranken ins Lazarett kommen sollen. Ich war der einzige Patient der liegend transportiert wurde, der Oberst sprach auch gleich wieder von Amputation. Als anschließend der junge Mann in deutscher Uniform wieder vorbeikommt, spreche ich ihn an. Ja, er ist Deutscher, er heißt Görres und ist cand. med. im achten Semester, wird hier aber als Arzt geführt. Er spricht ausreichend Russisch und ihm obliegen in erster Linie organisatorische Belange. Auf meine Bedenken antwortet er: »Wir haben seit kurzem gute deutsche Ärzte hier, auch einen Chirurgen, vielleicht kann er Ihnen das Bein erhalten.« Ich werde in einen notdürftigen Ambulanzraum gebracht, Dr. Hoppe sieht sich kurz die großflächige infizierte Wunde an, läßt von der Krankenschwester einen neuen Verband anlegen und bestellt mich für den nächsten Vormittag wieder in die Ambulanz. Am nächsten Tage ist Dr. Hoppe nicht mehr da, er begleitet einen Transport nach Frankfurt/Oder, für den Dr. Seiring vorgesehen gewesen war.

Der Chirurg Dr. Hellmut Seiring übernimmt nun meine Behandlung, er trägt die nekrotischen und infizierten Hautfetzen ab, reinigt die Wunde und deckt diese zunächst nur mit einem in Kochsalzlösung getränkten Verband ab. Er erklärt mir die Behandlung und hofft das Bein erhalten zu können, wobei jedoch der Rückgang der Wundinfektion in den nächsten Tagen für die weitere Behandlung entscheidend sein wird. Dabei erkundigt er sich beiläufig danach, woher ich komme und wie es zu meiner Deportation gekommen ist. Von sich berichtet er kurz, daß seine Frau und seine beiden kleinen Kinder beim Bombenangriff auf Dresden am 14. Februar 1945 ums Leben gekommen seien. Diese Nachricht habe ihn noch kurz vor seiner Gefangennahme in Libau erreicht. Die russische Krankenschwester ist von der Gesprächigkeit des Doktors völlig überrascht, da Dr. Seiring als schweigsamer Mann bekannt ist. Und dann legt er auch noch selbst den Verband an, was üblicherweise ihr obliegt.

Dr. Seiring hat in Leipzig, Berlin und Freiburg/Breisgau studiert. Zum Staatsexamen, zur Approbation und Facharztausbildung kehrte er wieder an die Universität Leipzig zurück. Professor Payr, Ordinarius der medizinischen Fakultät an der Universität Leipzig, hat den beruflichen Werdegang des jungen Studenten Hellmut Seiring geprägt. Bei ihm war er später, während der Facharztausbildung, längere Zeit Vorlesungsassistent.

Außer dem Chirurgen sind noch ein Arzt für Allgemeinmedizin, Dr. Waldheim, ein Zahnarzt Dr. Dreesbach und der cand. med. Görres im Lazarett tätig. Die medikamentöse Versorgung des Lazarettes ist völlig unzureichend. Vereinzelt treffen Arzneimittelsendungen, Beutegut aus ostdeutschen Apotheken, im Lager ein. Darunter sind viele Medikamente, die hier überhaupt keine Verwendung finden, zum Beispiel Abführmittel, Medikamente gegen Gallenbeschwerden etc. Auch Rezepturen mit der Aufschrift für den jeweiligen Patienten: »Frau Müller 3 x täglich 10 Tropfen« und ähnliche Verordnungen. Dagegen sind Sulfonamide oder antibakterielle Medikamente nicht oder nicht mehr im Beutegut enthalten. Aber Lebertransalbe war bei der letzten Sendung dabei, zu Dr. Seirings Freude, der 1938 über die Wirkung der Fettsäuren bei der Wundbehandlung eine wissenschaftliche Untersuchung durchgeführt hat, und zu meinem Glück.

Jeden Morgen bringt mir ein junger deutscher Kriegsgefangener eine kleine Portion Butter, etwa zwanzig Gramm, die ich mit Genuß verspeise. Ich frage nicht, woher sie kommt, ich befinde mich selbst für hiesige Verhältnisse in einem außergewöhnlich schlechten Allgemeinzustand und nehme an, daß die Butterration eine Maßnahme des Lazarettes sei, also zur Therapie gehört. Ich ahne nicht, daß ich das gesamte »Monatssalär« meines zukünftigen Mannes verzehre. Ich weiß weder, daß es Dr. Seirings Butterration ist – die Ärzte bekommen diese, weil sie besonders infektionsgefährdet sind –, noch ahne ich zu diesem Zeitpunkt, daß ich einmal Dr. Seiring heiraten werde. Solche Gedanken sind mir jetzt noch völlig fremd, und langfristige Planungen sind hier wirklich utopisch. Inzwischen nimmt die Heilung meines Beines einen zufriedenstellenden Verlauf. Während der Behandlung und im privaten Gespräch verdeutlicht mir Dr. Seiring immer wieder, daß ich gesund werde, daß es wichtig ist, daß ich überleben und heimkehren werde, und daß es einen Neuanfang geben werde. Dank seiner fürsorglichen Behandlung stellt sich dann auch mein Lebensmut wieder ein.

Das Zentrallazarett ist in ein allgemeines Gefangenenlager

mit den üblichen Arbeitsbrigaden integriert. Der Lagerleiter ist ein »pallkownik« – die Rangbezeichnung entspricht einem Obersten in der deutschen Armee –, insgeheim wird er von uns allen Tarzan genannt. Sein Erscheinungsbild gleicht zwar nicht dem Helden des gleichnamigen Kinderfilms, sondern eher dem eines russischen Bären. Schlimme Frauengeschichten erzählt man sich im Lager über ihn, aber ihn deshalb »Blaubart« zu nennen, das ginge wirklich zu weit. Tarzan besitzt ein Schwein, das im Lager untergebracht ist und von der Offiziersküche aus gefüttert wird. Da bei der Sau in absehbarer Zeit Nachwuchs zu erwarten ist, wird ein deutscher Kriegsgefangener, der im Zivilleben Student der Veterinärmedizin ist, zur Betreuung des Schweines abgestellt. Bei der Übernahme dieser ehrenvollen Aufgabe wird ihm gleich erklärt, daß er nach Workuta käme, wenn dem Schwein etwas zustoßen würde. Erschwerend kommt hinzu, daß eine Gruppe Gefangener vor einigen Monaten den Hund des Pallkownik geschlachtet und verzehrt haben soll. Die Täter konnten nicht ermittelt werden. Workuta, das berüchtigte Lager am Eismeer, ist ein geflügeltes Wort in allen Lagern, und das heißt für uns, daß man dort entweder in einem halben Jahr tot ist oder den Heimtransport antritt.

Die Sau krepiert, und der Veterinär kommt, wie angedroht, nach Workuta. Er soll jedoch einige Monate später nach Deutschland entlassen worden sein.

Schatura-Torf ist, gemessen an den Verhältnissen in den anderen Lagern, in denen ich bisher war, schon fast eine Art Muster- oder »Vorzeigelager«. Das bekannteste Lager dieser Art ist Moschajsk, 50 Kilometer westlich von Moskau gelegen, dort werden alle Delegationen zur Besichtigung hingeführt. Hier in Schatura-Torf sind auf dem freien Platz hinter dem Eingang, von der Wache aus gut zu übersehen, drei Holzbänke mit Rückenlehnen aufgebaut. Das ist von der Krankenbaracke aus ein lohnendes Ziel, zumal die Trinkwasser- und Teebehälter auch hier aufgebaut sind. Die

Arbeitsbrigaden sind tagsüber draußen, und gehfähige Kranke sind nicht viele im Lazarett. Ich humple öfter dorthin, um der Baracke zu entfliehen, es ist doch sehr deprimierend, nur die öden Barackenwände anzuschauen. Außerdem sitzt man hier bequem, und ich habe sogar etwas Lesestoff. Dr. Seiring hat mir eines seiner Reclam-Hefte geliehen: Goethes »Faust«. Er hatte immer diverse Reclam-Hefte ins Feld mitgenommen, zwei davon befanden sich zufällig in den Taschen seiner Uniform, als er in Gefangenschaft geriet. Das zweite Heft ist Shakespeares »Hamlet«. Außerdem trifft man andere Lagerinsassen und kann sich etwas unterhalten. Eigentlich ist mir das ja gar nicht mehr so wichtig, seit ich Dr. Seiring kenne, er kommt ja, sobald es seine Zeit erlaubt, hierher. Auch Frau Meyer, einer Pastorenfrau aus Ostpreußen, begegne ich hier, sie ist auch in einem hochgradig distrophischen Zustand. Eines Tages stoßen auch ein paar ehemalige deutsche Fliegeroffiziere zu unserer »Teestunde«. Der ranghöchste Offizier dieser Gruppe ist Oberstleutnant Kampfhenkel. Während wir dort sitzen, kommt der Lagerleiter vorbei. Die Männer stehen auf und grüßen militärisch, ich bleibe sitzen und nicke nur. Der Pallkownik nimmt daran Anstoß und wünscht von mir stehend gegrüßt zu werden. Wenn es die Situation erfordert, dann verstehe ich kein russisches Wort. Was soll das Theater? Ein junger Leutnant spricht russisch und muß mir die Aufforderung des Pallkownik übersetzen. Ich bleibe trotzdem sitzen und sage »zdrastoujte«, etwa zu übersetzen mit: »Ich grüße Sie.« Damit war er keinesweg zufrieden, es gab noch ein hin und her. Der Leutnant wies schließlich auf mein verletztes, hochgelegtes Bein hin, und der Pallkownik ging ärgerlich fort.

Eine dumme Situation. Mein eigenes Risiko kann ich tragen, aber jetzt habe ich auch andere gefährdet. Wohl ist mir nicht bei dieser Erkenntnis; man hat es mir durchaus nicht verübelt, aber es widerspricht meiner Grundeinstellung, niemanden zu gefährden und außerdem niemals einen Vorteil auf Kosten anderer zu erlangen. In einem Gefangenenlager ist man nicht nur durch die Bewacher in seiner Handlungsfreiheit eingeschränkt, sondern auch durch die Rücksicht auf die Mitgefangenen. Dazu kommt die Sorge, sich selbst zu verlieren; wo ist die Grenze der Zumutbarkeit? Diese Frage quälte mich während unseres Einsatzes auf der Sowchose, als ich den Sicherheitsstreifen überschritt. In diesem Spannungsfeld leben die Inhaftierten dieser Lager noch zusätzlich. Als ich später Dr. Seiring von meiner Begegnung mit dem Pallkownik berichte, lächelt er und sagt, daß dieser am Nachmittag regelmäßig betrunken sei. Selbst für das hier diensttuende sowjetische Militär sind die Lebensbedingungen im Gulag wenig erfreulich.

Dr. Seiring muß seine ärztliche Tätigkeit teilweise unter abenteuerlichen Bedingungen verrichten. Ein Gefangener, Peter Richarz, im Zivilberuf Metzgermeister, hatte sich bei der Waldarbeit einen Oberschenkelhalsbruch zugezogen. Ein Röntgengerät gibt es hier natürlich nicht, aber das ist, soweit es den Bewegungsapparat angeht, nicht so tragisch; bei unserem Ernährungszustand ist das Skelett gut überschaubar und tastbar. Als Behandlungstisch dient eine waagrecht gelegte Eisenbahnschiene. Die Soldaten haben aus einer Baubude vermeintlich Gips mitgebracht, der hier ziemlich grau aussieht, aber bedauerlicherweise ist es Zement. Nachdem der fixierende Verband angelegt ist, läßt sich das auch nicht mehr ändern, der frisch eingerichtete Schenkelhals würde wieder luxieren, und Gips ist eben nicht vorhanden. Problematisch wird es erst, als die Schwellung nachläßt und zwischen Körper und fixierendem Verband ein minimaler Zwischenraum entsteht. Die Ruhigstellung der Bruchstelle ist dadurch nicht gefährdet, aber dies ist ein idealer Unterschlupf für die Läuse. Richarz teilt seine Pritsche mit dem Prinzen zu Bentheim, der dadurch zum Mitleidenden wird. Die beiden haben aber auch noch andere

Gemeinsamkeiten; es ist bezeichnend für viele dystrophische Menschen, daß sie gerne über Kochrezepte sprechen. Richarz schwärmt von seiner Leberpastete, und der Prinz zu Bentheim macht darauf aufmerksam, daß es auch noch andere Delikatessen gäbe, und dann holt er für beide die mittägliche Wassersuppe.

Inzwischen schmerzt mein Bein weniger, nur noch bei plötzlicher Lageänderung und bei Schrägstellung des Fußes durch Muskeldehnung. Die Wundinfektion ist abgeklungen, das Ödem hat sich stark zurückgebildet, und auch die Wundfläche ist kleiner geworden, aber unbewußt nimmt man doch eine Schonhaltung ein. Um einem unrhythmischen Gang vorzubeugen, geht Dr. Seiring mit mir spazieren. Er führt mich am Arm, so nehme ich automatisch den Gangrhythmus meines Begleiters auf. Ich empfinde dies als ausgesprochen angenehme Therapie und möchte diese nicht mehr missen. Mein Arzt scheint auch Gefallen daran zu haben, wir behalten die Nachmittagsspaziergänge einfach bei. Uns geht auch nie der Gesprächsstoff aus, wobei sich eine weitgehende Übereinstimmung in den wesentlichen Lebensfragen ergibt, und sein geistreicher, feinsinniger Humor bringt mich seit der historischen Tragödie in Ostpreußen erstmals wieder zum Lachen. In seiner Gegenwart verliert das Elend der Gefangenschaft vorübergehend seine Schrecken, ich fühle mich beschützt und geborgen. Mir ist's, als sei eine große, schwere Last von mir gefallen, ja, es stimmt wohl, daß geteiltes Leid halbes Leid sei. Unendlich weit liegen der Unfall und die Bereitschaft, sterben zu wollen, zurück. Eine Strophe aus Goethes Gedicht »Selige Sehnsucht« fällt mir ein:

>»Und so lang du das nicht hast,
>Dieses: Stirb und werde!
>Bist du nur ein trüber Gast
>auf der dunklen Erde.«

Auch Goethes Faust, einige Märchen und Balladen haben jetzt einen neuen Sinn bekommen, mir erschließt sich in Gedanken eine ganz neue Welt. Ich habe soviel zu durchdenken und aufzuarbeiten, daß der Vormittag schnell vergeht, bis ich »ihn« wiedersehe.

Die Liebe und die Erziehung meiner Eltern ließen die Kraft in mir wachsen, schweren Belastungen standhalten zu können, und Hellmuts Liebe gibt mir neues Leben.

In diesem Lager begegnet mir auch Anna Milkau; ihr Vater war einer der Kutscher bei uns in Schönwiese, nach dem Treck haben wir uns aus den Augen verloren, ich war ja zuletzt in Schwengen. Anna war immer ein ruhiges und besonnenes Mädchen, und so ist sie auch in der Gefangenschaft eine aufrichtige, verläßliche und liebenswerte Kameradin. Tagsüber sehen wir uns wenig, da Anna in einer Leichtarbeitsgruppe ist, aber wir teilen natürlich ab sofort unsere Pritsche, auch meinen noch immer vorhandenen Innenpelz und die Kamelhaardecke. Da wir auch hier im Freien schlafen, gibt uns Hellmut noch seinen Uniformmantel; denn der Boden ist feuchtkalt. Dabei erzählt er, daß sein Vater ihm immer einen Uniformpelz schenken wollte, was er abgelehnt habe. »Aber das nächste Mal gehe ich mit Uniformpelz in die Gefangenschaft, damit Du nicht so frierst.« Dann nimmt er mich etwas zur Seite und macht mich darauf aufmerksam, daß auch Frauen mit offener Tuberkulose unter uns sind.

Eines Tages nehme ich an einer Exkursion zum Pilzesammeln teil. Man hat dazu alles mobilisiert, was laufen kann. Wir sind eine ziemlich große Frauengruppe. Ich kenne zwar nur Champignons und Pfifferlinge, aber die Brigadierin und auch viele unserer Frauen sind Pilzkennerinnen. Nach etwa zwei Stunden sind etwa die Hälfte unserer Frauen verlorengegangen. Wir suchen und rufen und sind in großer Sorge. Wir machen unsere Arbeit noch einige Zeit weiter und haben eine ganze Menge Pilze gesammelt, so daß wir mit der Brigadierin ins Lager zurückgehen können. An der Wache erfahren wir, daß die anderen Frauen schon seit längerer Zeit im Lager sind. Da die Situation für die Lagerleitung nicht zu übersehen war, wurden die Frauen bis zur Klärung isoliert eingesperrt. Unsere im Lager verbliebenen Kameraden müssen annehmen, daß die noch nicht zurückgekehrte Gruppe sich verlaufen habe. Während wir noch an der Wache stehen, kommt Herr Görres vorbei und flüstert mir zu: »Gehen Sie so bald wie möglich zur Ärztebaracke, der Kollege Seiring ist in großer Sorge; mit dem war heute nichts anzufangen, so habe ich ihn noch nicht erlebt.« Die Sachlage klärt sich bald, bei uns ist die Brigadierin, und den anderen Frauen nimmt man schließlich ab, daß sie sich verlaufen haben und kein Fluchtversuch vorliegt. Hellmut erwartet mich vor der Baracke, Herr Görres hat ihm schon von meiner unversehrten Rückkehr berichtet.

Einige Tage später, als ich wieder einmal zu unserer Bank gehe, sehe ich schon von weitem Hellmut alleine dort sitzen. Er bemerkt mein Kommen nicht, als wir uns begrüßen stelle ich fest: »Du warst sehr in Gedanken und weit fort von hier.« – »Ja!« – »Warst Du zu Hause!« Hellmut schaut mich sehr ernst an und antwortet: »Dann hätte ich es nicht weit, wo Du bist, bin ich zu Hause.«

Merkwürdig, unsere regelmäßigen täglichen Begegnungen in der Öffentlichkeit sind unseren Bewachern bestimmt nicht verborgen geblieben. Auch die russische Krankenschwester, die bei Hellmut arbeitet, hat bestimmt ihre Beobachtungen längst an höchster Stelle kundgetan. Aber es geschieht nichts. Normalerweise wird man dann getrennt strafversetzt, zumindest einer von den Betroffenen. Hellmut hatte zunächst auch immer große Sorge, mich zu gefährden. Die deutschen Ärzte sind inzwischen sehr geschätzt und werden auch gebraucht, aber das allein kann wohl kaum der alleinige Grund für diese Strafverschonung sein, der Pallkownik ist offenbar toleranter, als wir annehmen konnten, er wird mir direkt sympathisch.

Die Kulanz gegenüber Ärzten ist auch ein Novum; bei der Gefangennahme in Libau wurde Hellmut und seinen Kollegen vorgeworfen, an der Länge des Krieges schuldig zu sein. Wenn die Ärzte den Verwundeten die Hilfe verweigert hätten, dann hätte Hitler den Krieg früher beenden müssen. Nach fruchtloser Werbung durch das Komitee »Freies Deutschland« kam er mit über 100 Kollegen in das berüchtigte Moskauer GPU-, später NKWD-Gefängnis, die Lubjanka. Danach folgte das Staflager, und erst seit kurzem ist er als Arzt eingesetzt. Jetzt haben die deutschen Ärtze auch Kontakt zu ihren sowjetischen Kollegen, die sich gerne über die medizinischen Fortschritte im Westen informieren, besonders für die Chirurgie und die neueren Narkosemöglichkeiten interessieren sie sich sehr. Es ist immer dasselbe, wo das Regime herrscht, ist die Hölle, wo es zu den streng untersagten Begegnungen von Russen und Deutschen kommt, geht es geradezu menschlich zu.

Abschied

Der Sommer ist vorüber, die Tage werden kürzer und die Schatten länger. Es beginnt der zweite Herbst, den ich in Rußland erlebe. Das gedämpfte, goldene Licht dieser Jahreszeit läßt eine ganz eigenartige Stimmung in mir aufkommen, verstärkt durch das Fallen der Blätter. Eine Ahnung des nahenden Abschiedsschmerzes überkommt mich. Im Lager spricht man davon, daß in absehbarer Zeit ein Transport nach Frankfurt/Oder abfahren soll. Es sollen Kranke entlassen werden, die so weit wiederhergestellt sind, daß sie die achtzehntägige Fahrt überstehen können. Es könnte also sein, daß ich mit auf der Transportliste stehe. Wie habe ich früher auf diesen Tag gewartet, habe ihn herbeigesehnt. Manchmal wünschte ich nur hier herauszukommen, und wenn ich nur nach Frankfurt/Oder komme, um zu sterben, nur raus aus dem Gulag, raus aus dem Machtbereich der Sowjetunion. Wiederholt träumte ich, daß ich nach Hause komme, meine Mutter in ihrem Zimmer treffe, neben ihr niederknie, den Kopf in ihren Schoß lege und weine. Und am Ende jedes Traums mußte ich wieder ins Lager. Nun wird meine Entlassung vielleicht bald erfolgen, aber die Freude darüber ist mir nicht vergönnt, im Gegenteil, mein Dilemma ist perfekt. Was kann mir die Freiheit ohne Hellmut bedeuten? Wir können nicht selber über unser Schicksal entscheiden, wir sind Sklaven des 20. Jahrhunderts. Wie dicht liegen Elend und Glück beieinander. Eine vorher ungeahnte Spannbreite der Gefühle tut sich in mir auf, sie ist zunächst erdrückend und kaum zu ertragen. Ich will nicht weiter darüber nachdenken, ich will für unsere gemeinsame Zukunft leben, worin immer diese auch bestehen wird.

Meine Abschiedsahnungen sind Hellmut wohl schon zur Gewißheit geworden; langsam bringt er mir im Gespräch seine Familie näher, das heißt seinen Vater, denn seine Mutter ist 1939 verstorben und sein Bruder in Rußland gefallen. »Du wirst Dich mit meinem Vater gut verstehen, aber sei vorsichtig, vielleicht gilt er als belastet.«

Hellmuts Vater, Dr. Georg Seiring, war einer der leitenden Direktoren des Lingner–Konzerns. 1905 wurde Dr. Seiring sen. Mitarbeiter des damaligen Dresdner Chemischen Laboratoriums Lingner. Daraus entwickelten sich die Odol–Werke und das Sächsische Serumwerk.

1911 veranstalteten die Lingner–Werke die erste Internationale Hygiene–Ausstellung, eine Weltausstellung für Gesundheitspflege. Mit der Vorbereitung dieser Ausstellung war Dr. Georg Seiring weitgehend beauftragt. Der sensationelle Erfolg der Ausstellung führte dazu, daß die Exponate aufbewahrt wurden; sie wurden der Grundstock des Hygiene-Museums.

1916 starb Dr. Lingner, er vererbte sein Vermögen der Lingner-Stiftung. Aus diesem Vermögen wurde der spätere Bau des Deutschen Hygiene-Museums finanziert, dessen Präsident Dr. Georg Seiring, Hellmuts Vater, war.

Ja, natürlich werde ich Hellmuts Vater besuchen und ihm von Hellmut berichten. Aber zunächst möchte ich doch nach Hause, um zu sehen, wer von meinen Angehörigen noch lebt und was von Schönwiese noch steht. Ich war ja im Januar 1945 in Schwengen, als die dort stationierte deutsche Artillerie unser Gehöft beschoß. Hellmut macht mir klar, daß der Transport nach Frankfurt/Oder geht, und daß ich mich nicht nach Ostpreußen umleiten lassen soll. In Frankfurt/Oder könne ich dann die Lage erkunden und meine weiteren Entschlüsse fassen.

Einige Tage später steht dann ein Transport auf dem normalen Breitspurgleis vor unserem Lager. Wieder ein Fortschritt, im Februar 1945 waren wir mit einer offenen Feldbahn in unserem ersten Lager angekommen. Wir sind mißtrauisch; »ßkoro, ßkoro pajächali damój«, wie oft hatte man uns das gesagt: »Bald, bald fahrt Ihr nach Hause.« Inzwischen weiß Herr Görres – er ist für die Russen eine Art Verbindungs- und Vertrauensoffizier –, daß ich auf der Transportliste stehe. Hellmut bereitet eine Nachricht für seinen Vater vor; denn noch niemand von uns hatte bisher Gelegenheit, seine Angehörigen postalisch zu verständigen, wie es allgemein bei Kriegsgefangenen üblich ist. Daher nennt man unsere Lager »Schweigelager«, und jeder Versuch, auf anderem Wege eine Nachricht herauszubringen, wird schwer geahndet. Hellmut schreibt zwei Minibriefe, Format etwa 6×9 cm in Kleinschrift. In dem einen bittet er seinen Vater um die Wiederbeschaffung seiner Examenspapiere und um Kontaktaufnahme mit Banken und Versicherungen. Das zweite Blatt ist persönlicher Art, ich erfuhr erst in Dresden, daß unter anderem darin stand: »Nimm Ulli auf wie Deine Tochter.« »Ulli« wurde ich im Familienkreis genannt, und Hellmut hatte diesen Kosenamen übernommen. Die Ärzte erstellten eine Liste über die im Lager verstorbenen Gefangenen, etwa 25 Namen, die von allen unterschrieben wurde. Hier waren relativ wenig Todesfälle, ebenfalls anders als am Anfang unserer Inhaftierung, wo wir 30 bis 40 Tote pro Tag hatten. Die Aufzeichnungen für Hellmuts Vater arbeitet mir der Schuster in den linken Schuh, die Liste für das Rote Kreuz in den rechten Schuh.

Jetzt sind es nur noch Stunden, die uns bis zu unserem schicksalhaften Abschied bleiben. Was mich dann erwartet, weiß ich nicht, aber hier lasse ich Hellmut im Elend und in Gefahr zurück. Wann wird er heimkommen, wo werde ich ihn wiedersehen? Plötzlich kommt Herr Görres gelaufen und berichtet, daß ich von der Transportliste gestrichen worden sei. Hellmut fragt nur: »Wo ist der Pallkownik?«, und läuft sofort heraus. Herr Görres und ich sitzen bekümmert in der Ärztebaracke. »Hoffentlich gibt es keine Katastrophe; denn Hellmut ist sehr erregt.« Als er endlich wiederkommt, sagt er erleichtert: »Du wirst fahren, der Pallkownik glaubte, mir mit Deinem Verbleiben einen Gefallen zu tun. Aber ich kann keinen klaren Gedanken mehr fassen, solange ich Dich nicht in Sicherheit weiß.« Der Pallkownik konnte es zunächst gar nicht verstehen, daß Hellmut sein »Präsent« ablehnte. Er gab ihm sein Ehrenwort, daß ich mit dem nächsten Transport heimfahre. Erst Hellmuts Frage nach dem Zeitpunkt des nächsten Transportes, und wer für sein Ehrenwort einstehen würde, wenn er, der Pallkownik, versetzt würde, ließ ihn die Risiken erkennen, und er schrieb schweigend wieder meinen Namen auf die Liste. Herr Görres beteuert, daß der Transport bestimmt nach Frankfurt an der Oder gehe, er habe selber die fertigen Transportbegleitpapiere gesehen.

Am nächsten Tag ist es so weit, wir müssen im Lagerhof antreten. Wir werden nochmals namentlich aufgerufen, und ein sowjetischer Offizier hält eine Ansprache, die von einem Dolmetscher übersetzt wird. Darin heißt es unter anderem, daß wir als freie Menschen die Sowjetunion verlassen, und zum Zeichen dieser Freiheit werden wir mit offenen Waggontüren heimfahren. Er macht eine Pause, er wartet auf eine freudige Reaktion – aber nichts geschieht: keine Resonanz, kein Minenspiel, wir sind zu kaputt und zu mißtrauisch. Die Ärzte stehen auf Sichtweite in unserer Nähe, noch ein kurzer Abschiedsblick und dann gehe auch ich schweren Herzens durch die Wache. Ich sehe noch einmal zu Hellmut herüber, sein Gesicht verrät mir alles, Schmerz und Sorge stehen darin. Er hat Angst, daß ich durch die Kassiber in den Schuhen gefährdet sei.

Als wir zu den Waggons kommen, sind die Frauen, die diese ausfegen mußten, gerade mit ihrer Arbeit fertig geworden. Anna Milkau ist unter ihnen, auch das tut weh. Sie gehört nicht zu den Kranken und muß im Lager bleiben. Noch ein Abschied, ich ertrage es kaum noch, nur schnell in den Waggon und wieder in die rechte Ecke ganz hinten, da kann ich endlich meinen Tränen freien Lauf lassen. Beim Abschied von Hellmut konnte ich noch die Tränen zurückhalten, ich wollte es ihm nicht noch schwerer machen. Und Anna? Vielleicht denkt sie, daß ich schon früher auf der Sonnenseite des Lebens stand und nun wieder? Sicherlich sind das nur meine Gedanken: die Anspannung der letzten Tage und die Trennung von Hellmut waren zermürbend. Anna verabschiedet sich unbefangen und neidlos, sie bleibt bis zum letzten Augenblick ein guter Kamerad. Ich weiß nicht, ob und wann sie nach Deutschland gekommen ist.

Die Rückfahrt

>»Der Herbst hielt nach dem Fall der Blätter
Noch lange stand in diesem Jahr,
Es kam und kam kein Winterwetter
Schnee fiel auch erst im Januar.«

Puschkin

Schneefall erst im Januar, das zählt wohl doch zur dichterischen Freiheit und wäre selbst für Westrußland sehr ungewöhnlich. Aber auch der Herbst dieses Jahres 1946 ist wirklich wunderschön. Wir sitzen vor der offenen Waggontür und genießen die Aussicht auf die Landschaft und denken an die zu erwartende Freiheit. Langsam glauben auch die größten Skeptiker, daß es nach Deutschland geht, denn die Fahrt geht unverkennbar nach Westen. Wir befinden uns inzwischen im Gebiet des Oberlaufs der Wolga. Unzählige Bäche und kleine Flüsse rinnen dem sich bildenden Strom entgegen, dem die Russen liebevoll den Namen »Mütterchen Rußland« gegeben haben. Zu diesem Zeitpunkt weiß ich noch nicht, daß meine Odyssee erst am »Vater Rhein« beendet sein wird.

Unser Zug hält auf einer Brücke, unser Waggon steht über der seichten Uferböschung. Aus der Tiefe kommt ein sowjetischer Sergeant hochgeklettert und setzt sich zu uns auf den Fußboden unseres Eisenbahnwaggons. Ich weiß nicht, ob die sowjetischen Männer alle noch bei der Armee sind, oder ob sie nur immer noch Uniformen tragen, weil sie keine Zivilkleidung besitzen. Man erträgt hier jeden Mangel mit

Gelassenheit; nach der siegreichen Beendigung des »Großen Vaterländischen Krieges« hofft man in jeder Beziehung auf baldige Verbesserungen. Der Sergeant kommt aus Königsberg und schwärmt von dieser Stadt. Wie ist das möglich? Königsberg hat zwei große angloamerikanische Fliegerangriffe und ein Vierteljahr sowjetische Belagerung mit Artilleriebeschuß erlitten, was kann da noch von der Stadt übrig geblieben sein? Unsere etwas erstaunten Gesichter hat er offenkundig falsch gedeutet und fügt vorsichtig hinzu: »Aber Sie verstehen, für Deutsche ist dort nicht gut zu leben.« Die Lokomotive pfeift, unser Gast springt herunter, der Zug fährt weiter, und wir denken noch einige Zeit über seine Worte nach.

Wenn wir einen Bahnhof anfahren, hält unser Zug außerhalb der allgemeinen Eisenbahnanlage auf einem Abstellgleis. Dann werden einige Männer unter Bewachung zum Trinkwasserholen abkommandiert. Bei dieser Gelegenheit haben sie die Möglichkeit, Kriegsgefangenenpostkarten – mit Rotem Kreuz und Türkischem Halbmond gezeichnet – mitzubringen. Für eine Tagesration Brot geben sie diese weiter und befördern sie auf der nächsten Station zum Briefkasten. Ich hatte mir von Herrn Görres die postalische Adresse und Lagernummer geben lassen. In unserem Lager gab es bisher keine Möglichkeit, Post zu schreiben oder zu empfangen. Ich habe eine solche Karte erstanden, schreibe die Adresse in kyrillischer Schrift und verwende nur wenige Worte im Text, wie das bei diesen Karten vorgeschrieben ist. Die Männer nehmen die Karte mit, aber sie wurden am Einwerfen in den Briefkasten durch den Posten gehindert. Plötzlich hören wir draußen immer wieder: »Seiring, Seiring« rufen. Die Frauen im Waggon machen mich darauf aufmerksam, daß ich gerufen werde. »Ich heiße nicht Seiring«, antworte ich. »Aber Sie sind doch gemeint.« »Wer mich sprechen will, muß mich schon mit meinem Namen rufen.« Es dauert nicht lange, dann steht ein kleiner tartarischer Leutnant vor mir.

Er ist überrascht, er erkennt mich offenbar wieder. Jetzt fällt auch mir ein, daß ich ihm schon in einem früheren Lager begegnet bin, da war er aber ganz friedlich. Hier ist er jetzt Transportbegleiter, steht vor mir und schreit mich in höchster Erregung an. Ich erkenne meine Karte in seinen Händen, er zerreißt sie immer und immer wieder in kleinste Stücke, wirft sie auf den Boden und trampelt mit den Füßen darauf herum. Ich höre nur immer wieder »Workuta«, verstehen kann ich bei diesem Geschrei wirklich kein Wort, kann mir aber den bekannten Text zusammenreimen. Da ich den Leutnant ganz ungerührt, ja eher verwundert betrachte, gerät er noch mehr in Rage, er kann mir fast leid tun. Inzwischen ist ein Dolmetscher da, der mir sachlich mitteilt, daß der Leutnant mich für dieses Vorgehen, es handelt sich um das Schreiben der Postkarte, nach Workuta schicken möchte, und daß er dies auch im Wiederholungsfalle tun werde. Ein paar Tage später opfere ich wieder eine Tagesration Brot, und die Männer bringen mir eine neue Karte mit. Diese hat das Lager Schatura-Torf erreicht, und der Pallkownik ließ sie auch Hellmut aushändigen, was längst nicht jeder Lagerleiter getan hätte. Die Nachricht hat Hellmut völlig überrascht und darin bestärkt, weiterhin durchzuhalten. Auch er hatte jetzt wieder ein neues Lebensziel.

Unser Transportzug wird über Nebenstrecken nördlich von Moskau zu der nach Westen führenden Hauptstrecke Moskau–Brest–Warschau geleitet. Bei Moschajsk, 50 Kilometer westlich von Moskau erreichen wir die Hauptstrecke. Unweit von hier liegt auch Borodino, der Ort, der im Napoleonischen Krieg bekannt wurde. Wir werden aufgefordert, die Waggons zu verlassen. Unser Tartarenoffizier macht mit uns einen Spaziergang. Wir brauchen nicht in Fünferreihen anzutreten, die Wachmannschaften tragen zwar ihre Kalaschnikow, aber die gehört zur Uniform und wirkt nicht mehr bedrohlich auf uns. Wir werden zu einem Eichenhain bei Moschajsk geführt. Der Leutnant läßt uns durch den Dolmetscher berichten, daß der Troß der Napoleonischen Armee beim Marsch auf Moskau nur bis hierher gekommen sei, und dann erfolgte der vernichtende Rückzug. Auch Hitlers Truppen seien nur bis hierher gekommen, und er resümiert, daß Rußland nicht von außen zu besiegen ist. Auf dem Rückweg zum Waggon geht der Leutnant plötzlich neben mir, fragt: »kak wij pashiwájete, ßoßtra Ursula?« (Wie geht es Ihnen, Schwester Ursula?) Er war vor mehr als einem Jahr einmal in dem von Dr. Kutschina geleiteten Lazarett. Vielleicht ist er auch Arzt oder Feldscher, die Uniform läßt das nicht erkennen. Ich war dort zunächst als Patientin und wurde später von Dr. Kutschina als Hilfskrankenschwester eingesetzt. Damals fragte er mich, ob ich an Gott glaube. Heute will er wissen, warum deutsche Frauen so stolz sind. Eine Frage, die ich ein paarmal gehört habe, unter anderem sprach auch Dr. Kutschina vom Stolz der deutschen Frauen. Er formuliert es nicht als Frage, sondern als Feststellung. Ich bin sehr froh darüber, daß unsere Frauen sich sehr distanziert unseren Bewachern gegenüber verhalten. Mir ist nur eine Ausnahme bekannt, ein sechzehnjähriges Mädchen, sie starb schon in Zichenau.

Die Fahrt geht ohne Besonderheiten weiter; westlich von Minsk, etwa ab Baranowitschi beobachte ich sehr viel Militär. Das ist ziemlich beunruhigend. Oder sollen das nur Herbstmanöver sein? Dieses Bild begleitet uns bis Brest am Bug (früher Brest-Litowsk). Unser Zug steht im Bahnhof von Brest, Polen und Russen führen sehr lautstarke Gespräche, um nicht zu sagen, sie schreien sich gegenseitig an. Sie laufen unentwegt von Waggon zu Waggon, die Polen wollen offenkundig unseren Zug nicht passieren lassen. Wir wissen überhaupt nicht, worum es geht. Schließlich kommen die Wachposten, sie fordern uns auf, in das Innere des Waggons zu gehen, dann schließen sie die Türen und verriegeln sie von außen. Die Lokomotive pfeift, der Zug fährt an, er verläßt die Grenzstation Brest und fährt zurück in die

Sowjetunion. Ob er vielleicht nur rangiert? Aber dafür fährt er schon zu lange. Man kann nichts sehen, wenn die Waggontüren geschlossen sind. Was ist geschehen? Wo fahren wir hin? Wieder in ein Arbeitslager? Hellmut wird dann nie erfahren, wo ich geblieben bin. Es war notwendig, die Türen zu schließen, sonst wären viele von uns in Panik herausgesprungen. Wir sind starr vor Entsetzen, viele weinen, andere schreien vor Verzweiflung. Plötzlich bremst der Zug, er hält, es wird still im Waggon, angestrengt lauschen wir, was draußen passiert. Man hört die Wachposten, sie öffnen einige Türen, jetzt auch die unsere. Vor uns liegt eine Landschaft mit niedrigem Buschwerk und dürftigem Graswuchs. Wir dürfen sogar aussteigen, müssen aber in unmittelbarer Nähe des Waggons bleiben. Wir stehen auf einem toten Gleis. Es bilden sich kleine Gruppen, jeder fragt, was wohl geschehen sei, aber niemand weiß eine Antwort. Die Posten haben auch nur ihren üblichen Satz parat: »ßkoro, ßkoro …« (Bald, bald fahrt Ihr nach Hause.)

Eine junge Frau sitzt etwas abseits, sie wirkt verzweifelt, ich setze mich zu ihr. Nach einer Weile beginnt sie plötzlich zu sprechen. Als im Januar 1945 die Sowjetarmee sich ihrem Wohnort in Ostpreußen näherte – ihr Mann war als Soldat an der Front –, wollte sie mit ihrem wenige Monate alten Baby aus dem Leben scheiden. Sie nahm eine Überdosis Schlaftabletten und hatte zuvor auch ihrem Baby eine entsprechende Menge in das Milchfläschchen getan. Als die Rotarmisten sie fanden, warfen sie sie aus dem Bett. Sie mußte heftig erbrechen und wurde mehrfach vergewaltigt. Als sie sich danach um ihr Kind kümmern konnte, war das Baby tot. Mit dieser zusätzlichen Belastung hat sie die ganze Zeit in den Lagern verbracht, ja sie betrachtete diese Strapazen und Qualen als eine Form der Sühne. Mein Hinweis, daß das vier oder fünf Monate alte Baby ohne sie nicht hätte leben können und hier in den Lagern auch nicht überlebt hätte, ist sichtlich wenig hilfreich. Jetzt, wo uns vermeintlich bald wieder normale Lebensverhältnisse erwarten, quälen sie die Ereignisse jener Tage erneut furchtbar; sie hat Hemmungen, ihrem Mann gegenüberzutreten. Eine andere junge Frau fragt sorgenvoll, ob sie je ihre Kinder wiedersehen wird, sie mußte sie bei ihrer Verhaftung im Alter von eineinhalb und vier Jahren auf der Straße stehen lassen. Ich muß an die junge Mutter in Schwengen denken, die ihr krankes, neun Monate altes Baby im Walde unter einer Tanne liegen ließ, um ihr gesundes vierjähriges Kind zu retten. Welche Frauenschicksale! Ob es wirklich jemanden geben könnte, der glaubt, über diese Frauen richten zu können? Während ich wieder die wenigen Schritte zu meiner Gruppe gehe – die Frauen haben noch nicht gesehen, daß ich wieder in ihrer Nähe bin – höre ich, wie eine von ihnen sagt: »Die Ursula weiß auch noch nicht, daß ihr Vater unter der Folter gestorben ist.« Ich kann nichts sagen und nichts fragen, ich kann nur weinen. Eine ganze Welt bricht in mir zusammen. Als am Abend der Transportbegleiter, der tartarische Leutnant oder Arzt, vorbeikommt, ist er sehr verwundert über mein Aussehen, ich habe völlig verquollene Augen. Er glaubt, ich sei erkrankt, und spricht davon, mich ins Krankenhaus einweisen zu müssen. Ich beteuere, gesund zu sein, und die Kameradinnen sagen ihm, daß ich stark geweint habe und auch den Grund. Er wirkt echt besorgt und sagt, daß wir voraussichtlich in den frühen Morgenstunden über die sowjetisch-polnische Grenze fahren werden. Wenn ich dann noch so »krank« aussähe, könnte mein Grenzübergang gefährdet sein. Inzwischen erfahren wir auch, warum wir nicht nach Polen einfahren durften; wir haben auf der bisher sechzehntägigen Rückfahrt einen Todesfall gehabt. Dadurch stimmte die Transportliste nicht, und dies nahmen die Polen zum Anlaß, den Zug nicht hereinzulassen. Irgendwann in der Nacht fährt unser Zug wieder an. Das Anfahren dieser Transportzüge kann niemandem entgehen, selbst wenn man das Poltern der vorgeschalteten Waggons überhört haben sollte. Plötzlich geht ein starker Ruck durch den eigenen Waggon, dann folgt der Gegenstoß. Dabei fürchtet man jedesmal, die Verbindung zum Vorderwagen würde abreißen und wir blieben mit dem Rest des Zuges führungslos auf den Schienen stehen. Tröstlicherweise erfolgen dann weitere Stöße vor- und rückwärts, die sich laufend abschwächen, bis der ganze Transportzug vorwärtsrollt. Die Monotonie dieses Geräusches wird nur durch die Schienenstöße unterbrochen, und man wird dazu verführt, sie zu zählen, wie bei langen Fußmärschen die Schritte.

Am nächsten Morgen treffen wir in Brest ein, wir verlassen die Waggons. Draußen werden wir einzeln aufgerufen, es werden zwei Gruppen gebildet: die erste Gruppe mit Fahrtziel Königsberg, die zweite Gruppe mit Fahrtziel Frankfurt/Oder. Ich gehe zu dem Platz mit Fahrtziel Frankfurt/Oder. Als die wenigen Frauen, die sich zur Weiterfahrt nach Königsberg angestellt haben, das sehen, kommen die meisten zu meiner Gruppe herüber. Dann werden wir zur Banja (Badestube, Raum in dem sich Gruppen waschen können) und zur Entlausung geführt. Auf dem Weg dorthin kommen wir an einer Baracke vorbei, umgeben von einem dichten Drahtzaun und von Posten bewacht. Wir sehen nur Männer; Dr. Hoppe, der statt Hellmut den Heimtransport Ende Juni begleitet hatte, ist auch dabei. Diese Männer warten seitdem auf den Transport nach Königsberg. Nachdem wir uns gewaschen haben und unsere Kleidung entlaust ist, werden wir zu einem Transportzug, der auf dem europäischen Gleis steht, geführt. Wir fahren noch am Abend weiter. Am nächsten Vormittag fahren wir durch Warschau und überqueren die Weichsel. Noch eine Nacht vergeht, am folgenden Tag stoppt unser Zug wieder auf einem toten Gleis. In der Ferne können wir schon die Oderbrücken sehen. Es ist ein schöner, sonniger Oktobertag, wir müssen aussteigen, und dann erklärt man uns die politische Situation. Erst jetzt erfahren wir, daß die Gebiete östlich der

Oder und der Görlitzer Neiße polnisches Gebiet und der Norden Ostpreußens sowjetisches Gebiet seien. Unsere Angehörigen würden wir in dem Gebiet westlich von Oder und Neiße wiederfinden. Unser Zug bleibt den ganzen Tag dort stehen. Angesichts der Oderbrücken frage ich mich immer wieder, wer von meinen Angehörigen sie erreicht haben wird. Wo soll ich überhaupt hingehen? Ob es stimmt, daß Vater unter der Folter gestorben ist? Das hat Mutter dann auch nicht überlebt. Was soll ich überhaupt hier? Ich habe keinen Beruf, und mit meiner Gesundheit steht es auch nicht zum besten. Dennoch, ich will auf Hellmut warten und werde mich bis dahin auf seinen Beruf vorbereiten. Vielleicht kann ich eine Krankenschwesternausbildung machen? Aber ich habe überhaupt keine Papiere, keinen Ausweis, kein Schulzeugnis, kein Geld, keine Kleidung. Ich besitze nichts, überhaupt gar nichts, nicht einmal eine robuste Gesundheit, die ich jetzt wohl zum Weiterleben brauchen werde. Es wird Abend, in der Dunkelheit setzt sich unser Zug in Bewegung. Als wir in den Frankfurter Hauptbahnhof einfahren, ist er gespenstisch leer. Ich sehe zufällig eine Uhr, es ist nach Mitternacht, kurz nach ein Uhr. Einige Bahnsteige weiter geht ein sowjetischer Offizier, seine Schritte hallen ungeheuer laut in diesem völlig leeren Bahnhof. Ein Eisenbahner, der die Räder oder Bremsen abklopft, taucht vor unserem Waggon auf, und fragt uns, woher wir kommen. Er wartet unsere Antwort kaum ab – vom Essen war dabei keine Rede – und sagt: »Warum kommt Ihr? Wir haben auch nichts zu essen!« Ich bin unsagbar erschüttert. Am liebsten würde ich ihm sagen, daß wir nicht gekommen sind, um ihm das Brot wegzunehmen, sondern weil wir Sehnsucht nach Deutschland haben, aber das gibt es wohl nicht mehr. Die ersten Eindrücke in Deutschland haben mir die Sprache verschlagen.

Endlich in Deutschland,
aber nicht zu Hause

Nach etwa einer Stunde verläßt unser Transportzug den gespenstischen Bahnhof Frankfurt/Oder und fährt nur eine kurze Strecke bis zu einem nahen Lager. Dort angekommen, müssen wir alle aussteigen, und wir freuen uns schon auf die erste Nacht in einem schlichten Lagerbett. Irrtum, wir werden gezählt und gezählt, dann werden einige Waggons abgehängt, und wir werden aufgefordert, uns auf die verbliebenen Waggons zu verteilen, um darin den Rest der Nacht zu verbringen.

Am nächsten Morgen werden wir in das Lager geführt, dort werden unsere Personalien aufgenommen, wir werden registriert und bekommen jeder eine Postkarte »Heimkehrerpost gebührenfrei«. Vielleicht hätten wir auch eine zweite Postkarte bekommen, aber wir Heimkehrer aus den Gebieten östlich der Oder/Neiße-Linie haben Probleme, eine Karte zu adressieren. Wir wissen weder, ob unsere Angehörigen noch leben, noch, wo sie sich befinden. Wir dürfen ja nicht in die Heimat zurück, wo möglicherweise Nachbarn über den Verbleib der Familie Auskunft geben könnten. Nach einigen Überlegungen schicke ich meine Karte an die Schwester meiner Großmutter, das Ehepaar Graffunder in Wendenschloß. Wendenschloß gehört zum Stadtteil Köpenick, ist also sowjetisch besetzt.

Im selben Raum ist ein Münzfernsprecher. Ein älterer Herr sitzt in diesem Raum, vielleicht hofft er unter den Heimkehrern einen Angehörigen zu finden. Er fordert mich immer wieder auf zu telefonieren, er will das Gespräch bezahlen, denn ich besitze ja nicht einen Pfennig. Als wir auf die Flucht gingen, gab Vater mir 5000 RM mit, die hatte ich auch noch in Schwengen, aber bei den diversen Filzaktionen wurde mir wirklich alles, sogar meine Papiere, entwendet. Wir werden wirklich in dieses neue Leben geworfen, so wie Gott uns geschaffen hat, aber beschädigt an Körper und Seele. Wenn ich auch kein Geld besitze, bin ich doch sehr überrascht, daß die Reichsmark noch im Umlauf ist.

Ich werde aus meinen Gedanken gerissen, weil der ältere Herr nochmals fragt, ob er mir Geld zum telefonieren geben darf. Wohin soll ich telefonieren? Ich sage es ihm auch: »Wo meine Angehörigen sind, da gibt es kein Telefon.« Dabei habe ich daran gedacht, daß sie vermutlich alle tot sind. Es vergeht noch einige Zeit, und plötzlich fällt mir ein, daß Hellmut mich gebeten hatte, Dr. Dege in Frankfurt/Oder zu verständigen. Ich gehe zu dem alten Herrn und frage ihn, ob sein Angebot noch gilt. »Natürlich!« Ich brauche ja nur einen Groschen, da es ein Ortsgespräch ist. Die Nummer finde ich schnell im Telefonbuch und habe kurz darauf Dr. Dege am Apparat. Ich erzähle ihm, was mir Hellmut aufgetragen hat. Dann höre ich eine ganz erstaunte Stimme: »Wie bitte, der Seiring lebt?« »Ja!« »Wann und wo haben Sie ihn denn gesehen?« »Im Zentrallazarett Schatura-Torf, dort ist er seit einem Vierteljahr als Arzt eingesetzt, und ich wurde dort vor drei Wochen für den Heimtransport entlassen.« »Mein Gott, das ist ja wunderbar, daß der Seiring lebt!« Pause – »Aber Sie wissen, daß er verheiratet ist?« »Verheiratet war, seine Frau und die beiden kleinen Söhne sind in Dresden beim Bombenangriff ums Leben gekommen.« »Nein, nein, das meine ich nicht, er hat wiedergeheiratet, seine Frau ist Krankenschwester und lebt hier im nahegelegenen Lager...« Den Namen des Lagers habe ich nicht verstanden. Dr. Dege fragt: »Darf ich Sie heute Abend besuchen?« Ich bin so betroffen, ich sage nur: »Nein, das geht nicht, wir werden heute nacht schon verlegt.«

Das stimmt nicht, aber ich fühle mich außerstande, Herrn Dr. Dege zu empfangen. Ob sich überhaupt jemand in meine psychische Situation versetzen kann? Wir glaubten noch bis zur Oder, nach Hause zu fahren. Jetzt werden wir ganz abrupt in eine für uns völlig veränderte Welt geworfen. Es gibt keine Verbindung zu der Welt, in der wir einmal lebten. Mir ist, als hätte man all meine Wurzeln gekappt. Ja, selbst mein Name, warum soll man ihn mir glauben? Ich habe keine Papiere oder Unterlagen, und Hellmuts Liebe, unsere gemeinsamen Hoffnungen, soll das alles Lüge gewesen sein? Es gibt die verschiedensten Formen zu sterben; diesmal ist es ganz anders, ich habe einen leidlich funktionierenden Körper, aber ich bin innerlich tot. Automatisch laufe ich bis spät in der Nacht im Lager herum und versuche mich verstandesmäßig mit dem Gedanken, daß Hellmut verheiratet ist, auseinanderzusetzen, aber gefühlsmäßig kann ich es nicht glauben. Vielleicht bin ich etwas gefühlsbetont, aber bei der Diskrepanz zwischen Verstand und Gefühl habe ich gelernt, dem Verstand den Vorrang zu geben. Gefühle können täuschen. Ein Wachposten hat mich wohl schon längere Zeit beobachtet, er fordert mich auf, meine Baracke aufzusuchen.

Am nächsten Tag schreibe ich einen Brief an Hellmut, nicht zornig oder böse; natürlich kann ich nicht von einem auf den anderen Tag aufhören, ihn zu lieben, und er muß ja zunächst noch den Gulag überleben. Aber meine große Enttäuschung, die konnte ich nicht verbergen. Gott sei Dank hat ihn dieser Brief nicht erreicht, vielleicht hat ihn der Pallkownik konfisziert, dann war es ein gutes Werk.

Am nächsten Morgen, als wir aus der Baracke treten, sehen wir viele Menschen an unserem Lagerzaun, der hier aus dichtem Maschendraht besteht, stehen, sie strecken uns Bilder ihrer Angehörigen, meist Soldaten, entgegen und fragen, ob wir sie gesehen haben. Andere nennen nur die Namen und hoffen, von irgendjemanden zu hören, daß ihr gesuchter Angehöriger noch lebt.

In den nächsten Tagen sollen wir in ein Lager nach Thüringen verlegt werden. Wir wissen auch schon den Namen des Ortes, aber das wird dann wieder umgeworfen. Am späten Nachmittag werden wir verladen mit Fahrtziel Rüdersdorf bei Berlin. Es dunkelt schon, unsere Fahrt führt uns durch Vororte von Berlin. Wir sehen viele Ruinen, aber auch immer wieder bewohnte Häuser. Es ist die Zeit des Abendessens, und wir sehen größere Familien zusammensitzen. Mir treten die Tränen in die Augen; diese Menschen haben auch viel gelitten und verloren, aber sie sind zusammen, und das gibt Kraft und Mut zum Neuanfang. Mein ganzes Elend wird mir bewußt. Mein Leben oder besser mein Dahinvegetieren scheint völlig unnütz. Was wäre mir alles erspart geblieben, wenn ich an jenem Januartag in Ostpreußen erschossen worden wäre, das Leid scheint ja gar kein Ende nehmen zu wollen.

Rüdersdorf ist ein Quarantänelager. Bei der Angst der Sowjets vor Infektionskrankheiten kann unser Bleiben hier lange sein. Das Lager liegt neben einem Steinbruch, der von ziemlich hohen Wänden begrenzt wird. Es wurde scharf geschossen, aber ich weiß nicht, ob es Tote oder Verwundete gegeben hat. Sonst ist auch hier dasselbe Bild, die Menschen kommen mit Photos und Briefen und fragen nach ihren Angehörigen. Von Zeit zu Zeit werden sie von den Wachposten fortgejagt, aber sie kommen wieder.

Die Tage vergehen ohne Besonderheiten. Ein Deutsch-Schwede hat in unserem Bereich eine Ordnungsfunktion über mehrere Baracken. Eines Tages kommt er, um mir zu sagen, daß ich Besuch habe, der mich am Eingang in dem eigens dafür vorgesehenen Raum erwartet. Er fragt, ob er mich begleiten darf. »Bitte, wer soll mich schon besuchen?«

Wir stehen mitten in dem fast quadratischen Raum mit einer ringsumlaufenden Bank und einer großen Glasscheibe zur Kabine der Wachposten. Ich drehe mich langsam um und frage: »Wo ist denn mein Besucher?« Ich hatte es noch gar nicht gesehen, hinten rechts in der Ecke saß eine junge Frau, der einzige Besucher im Raum. Sie stand auf, kam zu mir und sagte: »Ich bin die Hildegard aus Wendenschloß. Ihre Großtante und Ihr Großonkel lassen sie grüßen, sie können leider nicht selber kommen.« Sie brachte mir etwas Wäsche, Kleidung und 50 RM mit. Natürlich frage ich Hildegard auch nach meinen Eltern, aber sie spricht nur von meiner Mutter. Sie sei in Holstein in einem kleinen Ort bei Bad Segeberg. Dann frage ich direkt nach meinem Vater, aber die Frage überhört sie. Im Laufe des Gesprächs frage ich nochmals nach Vater, aber sie vermeidet wieder die Antwort, dann weiß ich, daß es wahr ist, daß er von sowjetischen Kommissaren auf brutalste Art ermordet wurde.

Bis vor einem knappen Monat war das Haus meiner Verwandten von der sowjetischen Armee beschlagnahmt, jetzt wurde es zurückgegeben, daher erreichte meine Karte meine Verwandten. Vor allem schreiben sie mir, daß sie mich nach meiner Entlassung unbegrenzt aufnehmen können. Das war das größte Geschenk, denn ohne feste Adresse in der sowjetischen Besatzungszone wurden wir nicht entlassen. In die Besatzungszonen der Westmächte wurden wir ehemaligen Bewohner der deutschen Ostgebiete im allgemeinen nicht entlassen.

Es vergehen wieder einige Tage, plötzlich kommt Herr Rech, der Schweden-Deutsche, zu mir, bringt das »Neue Deutschland« mit, und fragt, ob ich diese Ausgabe schon gelesen habe. »Nein«, und er reicht mir die Zeitung mit dem für mich gekennzeichneten Artikel »Präsident Dr. Georg Seyring (mit y geschrieben) wird von der sowjetischen Besatzungsmacht als Leiter des Hygiene-Museums bestätigt«. Nachdem ich den Artikel gelesen habe, ist mir klar, daß es sich um Hellmuts Vater handelt. Ja, nun ist mir also das Suchen nach ihm erspart. Ich denke daran, was Hellmut alles für mich getan hat, egal was uns trennt oder bindet, ich habe versprochen, den Vater zu informieren, und das will ich auch tun. Ich gehe also mit der Zeitung zur Kommandantur, werde direkt zum Kommandanten geleitet und trage ihm vor, daß ich den in der Zeitung genannten Herrn besuchen will. Er mustert mich eingehend von oben bis unten. Durch die Hilfe aus Wendenschloß bin ich für damalige Verhältnisse sehr ordentlich gekleidet, was auch für die Entlassung wichtig ist. Der Kommandant, ein Oberstleutnant, der perfekt Deutsch spricht, sagt, daß meine Entlassung für Ende dieser Woche anstehe, und er fragt, ob ich nach Dresden entlassen werden will. »Nein«, und ich zeige ihm den Brief aus Wendenschloß und gebe diese Adresse zur Entlassung an.

Am Samstag ist es dann soweit. Ich bekomme meinen Entlassungsschein, ausgestellt vom Ministerium der Streitkräfte in Moskau, eine Bescheinigung, daß ich frei von ansteckenden Krankheiten bin, und die Entlassungsbescheinigung. Geld oder Fahrkarten bekommen wir nicht. Das ist in meinem Fall nicht schlimm, ich habe ja die 50 RM von meinen Verwandten und mein Fahrziel ist nahe. Von Rüdersdorf nach Köpenick kann man mit der S-Bahn fahren, und Wendenschloß gehört zu Köpenick. So komme ich am frühen Nachmittag in Wendenschloß an. Ich weiß zwar noch die Straßennamen, hier ist auch nichts zerstört, aber ich erkenne nichts wieder. Ich frage Passanten nach dem Weg, ja ich bin auf dem richtigen Weg, aber alles wirkt so fremd. Was ist los mit mir, warum versagt meine Erinnerung? Erst als ich vor dem Haus stehe, kommt ein Erinnerungsfetzen zurück, das ist mir bekannt. Ich klingele, die Gartentür öffnet sich, meine Großtante kommt mir von der Freitreppe aus entgegen, und ich gehe die wenigen Schritte bis zum Haus. Hildegard ist auch da, sie nimmt mir liebenswürdig den Innenpelz ab, den ich verständlicherweise nicht mehr wiedersehen werde. Tante Luzia weiß schon Näheres über den Verbleib meiner Mutter. Sie hatte, wie damals üblich, keinen Beruf, aber sie konnte als Gutsfrau natürlich einen großen Haushalt führen. Zum Erstaunen ihres Bruders, der inzwischen, da er unbelastet war, als Staatsanwalt in Oldenburg tätig ist, hat sie die Wirtschaftsführung eines Kinderheimes in Kierspe im Sauerland übernommen. Vom Kostenträger des Hauses hat sie sogar schriftlich die Erlaubnis, ihre heimkehrende Tochter sechs Wochen zum Aufpäppeln ins Kinderheim aufnehmen zu können.

Obwohl die Ernährung 1946 in Berlin mehr als spärlich ist, habe ich trotzdem Schwierigkeiten mit dem Essen. Nach zwei Jahren Wassersuppe, kann sich mein Magen nur sehr langsam an kleinste Mengen Fett und Eiweiß gewöhnen, nach zwei bis drei Bissen habe ich ein ungewöhnliches Füllegefühl im Magen. Dramatisch war auch die erste Nacht in einem Bett mit Schlaraffiamatratze, ich glaubte seekrank zu werden und bettete mich dann kurz entschlossen auf den Fußboden, wo ich gut schlief. Die Alpträume kamen merkwürdigerweise erst viel später, als ich mich völlig in Sicherheit fühlte. Meine Großtante hat auch eine Hausschneiderin zur Hand, als erstes wird die »Tasche«, die ja eine guterhaltene Kamelhaardecke war, auseinandergefaltet und zu einem hübschen Mantel verarbeitet, und außerdem nähte sie noch ein schickes dunkelblaues Kleid für mich. Langsam normalisiert sich alles. Ich habe direkt einen Grundstock an Kleidung. Die Schneiderin sagte nur immer zu mir, sie habe Hemmungen das Zentimetermaß in der Taille richtig umzulegen, sie habe immer das Gefühl mich zu durchschneiden. Ich wiege jetzt zwar schon 43 Kilogramm, aber das ist bei 170 Zentimeter Größe immer noch wenig.

Einige Tage später fahre ich dann nach Dresden. Ich kenne Dresden nicht und will am Hauptbahnhof aussteigen. Gott sei Dank halten mich die sehr gesprächigen Sachsen davon ab, und ich fahre bis zum Neustädter Bahnhof, denn den Hauptbahnhof gibt es ja nicht mehr. Dort reihe ich mich zunächst in die Schlange der Zimmersuchenden ein. Es dauerte sehr lange, und die meisten gehen ohne Zimmernachweis wieder fort. Inzwischen habe ich meinen Entlassungsschein vorgeholt. Es ist ein Vordruck, der per Hand (kyrillisch natürlich) ausgefüllt ist und mehrere schöne Stempel aus Moskau trägt. Zu dieser Zeit wollte in der sowjetischen Besatzungszone kein im öffentlichen Dienst stehender Bediensteter eingestehen, daß er über keine Kenntnisse der russischen Sprache verfügt. Ich reiche meinen Entlassungsschein herüber und bitte um ein Zimmer. Der hinter dem Schalter sitzende Beamte setzt eine fachkundige Miene auf, er hält den Schein falsch herum, denn die großen Stempel, normalerweise in der rechten oberen Ecke, befinden sich jetzt links unten. Er gab mir dienstbeflissen gleich ein Zimmer unweit des Bahnhofs, Weinstr. 2, im einzigen stehengebliebenen Haus dieser Straße. Anschließend gehe ich zum Telefon und rufe Dr. Georg Seiring an. Das Telefon klingelt kurz, eine Frauenstimme meldete sich mit Seiring – Hellmuts Mutter war ja 1939 gestorben –, und ich frage nach Hellmuts Vater. »Entschuldigung, aber mein Mann befindet sich gerade im Bad.« »Oh, dann bin ich wohl falsch verbunden!« »Nein, nein, Sie sind richtig verbunden, mein Mann kommt schon.« Dr. Seiring sen. verabredete mit mir ein Treffen für den nächsten Vormittag im Hygiene-Museum. Am nächsten Tag bin ich pünktlich um zehn Uhr dort, werde sofort zu Dr. Seiring sen. geführt und übergebe ihm die beiden Minibriefe von Hellmut. Hellmuts Vater ist sehr entgegenkommend und sichtbar bewegt, denn er hält seit Januar 1945 das erste Lebenszeichen seines Sohnes in Händen. Wir waren uns vom ersten Augenblick an sympatisch, es gab keine Probleme. Nur dann wurde er plötzlich etwas nervös, ging im Zimmer auf und ab, blieb plötzlich vor meinem Sessel stehen und fragte: »Ist Ihnen bekannt, daß mein Sohn verheiratet ist?« Die Frage hatte ich ja schon einmal gehört, so konnte ich ruhig und wahrheitsgetreu mit »nein« antworten. »Ja, halten Sie es für möglich?« »Dazu kann ich nichts sagen, aber es erscheint mir unwahrscheinlich.« Dann verläßt er den Raum, Charlotte, seine junge Frau, begibt sich zum Schreibtisch und holt eine Heimkehrerkarte aus Frankfurt/Oder hervor mit etwa folgendem Text: »Bin in Deutschland, möchte Besuch machen, erbitte Geld für Fahrkarte.« Unterschrieben mit einem für uns total fremden Vornamen, Nachname Seiring. Hellmuts Vater hat dann an die angegebene Adresse geschrieben, daß er sich keiner solchen Verwandtschaft entsinne, ja er wisse nicht einmal, ob er mit einer Dame oder einem Herrn korrespondiere und erbitte nähere Angaben. Die Antwort erfolgte in gebrochenem Deutsch: »Ihr Sohn erhielt in den ersten Märztagen die Nachricht vom Tode seiner Frau und der Kinder, fragte, ob wir heiraten, haben wir getan. Bald danach erfolgte der sowjetische Überfall auf das deutsche Militärlazarett in Libau. Unterschrift.« Ferner ging die Schreiberin unter anderem davon aus, daß Hellmut tot sei. Weiter waren die Dinge wohl nicht gediehen. Hellmuts Vater bemühte sich noch herauszufinden, welche Eheschließungsmöglichkeiten in den letzten Monaten des nationalsozialistischen Regimes bestanden haben, unter anderem konnte man vor dem Standortkommandanten heiraten.

Ich mache Dr. Seiring sen. darauf aufmerksam, daß Dr. Dege die Briefschreiberin persönlich kenne, und gebe ihm auch Dr. Deges Adresse. Ebenfalls schreibe ich ihm Hellmuts Adresse in kyrillischer Schrift deutlich auf, mit Lagerbezeichnung und Lagernummer. Dann verabschiede ich mich, um noch am Nachmittag nach Wendenschloß zurückzufahren. Hellmuts Vater bittet mich, in zwei, spätestens drei Wochen wieder nach Dresden zu kommen, und zwischenzeitlich Kontakt zu halten. Wir hatten zum Glück beide ein Telefon, was 1946 in der damaligen Ostzone nicht selbstverständlich war.

Da Dr. Seiring sen. durch die Vorgespräche und die Wiedereröffnung des Hygiene-Museums Marschall Schukow, Chef des Generalstabs der Roten Armee und seit der deutschen Kapitulation Oberkommandierender der sowjetischen Streitkräfte in Deutschland, persönlich kennt, geht sein erster ausführlicher Brief mit Marschall Schukows Kurierpost an Hellmut ab. Er hat ihn schnell erreicht und ihn umfassend informiert. Die Sowjets waren an dem Hygiene-Museum, einem Institut zur Volksgesundheitsaufklärung, sehr interessiert. Damals hofften sie noch, Dr. Seiring sen. auf freiwilliger Basis zum Aufbau eines solchen Institutes in Moskau gewinnen zu können. Neben der Gesundheitserziehung war das Hygiene-Museum auch ein guter Devisenbringer, denn der »Gläserne Mensch« und – seit der Wiedereröffnung des Institutes – auch die »Gläserne Frau« wurden in die ganze westliche Welt geliefert, einschließlich Australien und Japan.

Bei meinem zweiten Besuch in Dresden besuche ich mit dem Ehepaar Seiring ein Konzert von Richard Strauss, das in der Aula einer Schule stattfindet und mich außerordentlich beeindruckt. Außerdem macht mir Dr. Seiring sen. den Vorschlag, nach Dresden überzusiedeln, damit wir gemeinsam auf Hellmut warten können. Zu diesem Zweck werde ich mit Prof. Dr. med. Neubert bekannt gemacht, der sich um eine Arbeitsmöglichkeit für mich bemühen will. Dafür soll ich meinen Lebenslauf schreiben, und ich tue dies naiverweise so, wie ich es in der Schule gelernt habe. Professor Neubert kommt ganz entsetzt mit dem Lebenslauf zu mir und sagt: »Ja, dann sind Sie ja Junkerstochter!« »Bitte, was bin ich?« »Junkerstochter!« Der Ausdruck war mir nicht geläufig, aber es wurde mir klar, was gemeint ist. Professor Neubert forderte mich auf, einen neuen Lebenslauf ohne Nennung meiner Eltern zu schreiben.

Dieses Gespräch wurde zum Schlüsselerlebnis. Mir wurde klar, daß ich in dem sich anbahnenden »Arbeiter- und Bauernstaat« zu den Klassenfeinden gehören würde. Was werde ich noch alles vergessen und verschweigen müssen, um hier leben zu können. Soll das die Freiheit sein, von der ich im Gulag träumte? Das war ein Schock, für den ich im Nachhinein dankbar sein muß. Ich schreibe zwar noch in dieser Nacht den gewünschten Lebenslauf, erstens aus Höflichkeit, zweitens als Rückversicherung, aber in dieser Nacht erkenne ich, daß meine Odyssee noch nicht beendet ist. Und noch eine Erkenntnis kam hinzu: Wenn Hellmut aus der Gefangenschaft kommt, muß auch er sich erst mit der veränderten Welt auseinandersetzen und auch neu entscheiden können, ob er mit mir zusammenleben will.

Die Legende um Hellmuts zweite Ehe war inzwischen schon geplatzt. Es handelte sich um eine baltische Krankenschwester, sie hatte sich des Namens bedient, um nicht in sowjetische Gefangenschaft zu kommen. Die Gefangennahme der Ärzte und Soldaten des Lazarettes muß in sehr rüder Art erfolgt sein. Nach dem Abtransport der Männer, die außer ihrer Uniform alles zurücklassen mußten, wandte man sich den Krankenschwestern zu. Da der Russe die Balten als Russen betrachtet, hatten die baltischen Krankenschwestern nichts Gutes zu erwarten, sie hatten nach sowjetischer Ansicht für den Feind gearbeitet. Dagegen wurden die deutschen Krankenschwestern des Militärlazarettes in Libau erstaunlicherweise nach Frankfurt/Oder abgeschoben. Diese Krankenschwester hatte sich als Frau Seiring bezeichnet und wurde ebenfalls nach Frankfurt/Oder transportiert. Da sie unter den zurückgelassenen Sachen der Soldaten noch Hellmuts Taschenbuch fand, hatte sie alle für Hellmut wichtigen Adressen. War es Angst oder der bequeme Weg, daß sie in Frankfurt/Oder die Rolle der »Frau Seiring« weiterspielte? Sie hatte jedenfalls angenommen, daß Hellmut tot sei. Sicherlich war dies in den Wirren der Endphase dieses grausamen Krieges nicht der einzige Heimkehrer unter falschem Namen. Mir hatte sie zwar einen unbeschreiblichen Schmerz zugefügt, aber das konnte sie nicht ahnen. Sie hat natürlich den falschen Namen ablegen müssen, und lebte wohl unter ihrem richtigen Namen in der damaligen Ostzone weiter.

Schon vor meinem zweiten Besuch in Dresden war ich auf Anraten meiner Verwandten zur britischen Kommandantur am Fehrbelliner Platz gefahren, um nachzuhören, ob man mich als Rußland-Heimkehrerin aus den deutschen Ostgebieten im Militärzug Berlin–Hannover mitnehmen würde; denn ich bin ja bei einem Grenzübergang besonders gefährdet. Die britische Kommandantur war die höflichste Behörde, die mir in dieser Zeit begegnet ist. Ich wies mich mit meinem Moskauer Entlassungsschein aus und bekam sofort die Zusage für einen Platz im Militärzug. Ich hatte den Eindruck, daß ich die erste Frau war, die, aus der Taiga kommend, um Hilfe bittet. Man interessierte sich, woher und wohin ich verschleppt worden war. Dies hatte mit meiner Freifahrtkarte nichts mehr zu tun, sondern diente nur der eigenen Information, man wußte offenbar wenig, was mit der Bevölkerung Ostdeutschlands geschehen ist. In acht bis zehn Tagen sollte ich mir meine Platzkarte abholen.

Als ich aus Dresden zurückkomme, ist es gerade so weit, und ich begebe mich zur Kommandantur, um die Platzkarte in Empfang zu nehmen. Mit aufrichtigem Bedauern teilt man mir mit, daß das Angebot nach wie vor gilt, aber die Sowjetunion zur Zeit die Durchfahrt des britischen Militärzuges durch ihre Zone untersagt hat. Wann dieser Zug wieder fahren darf, ist im Augenblick nicht zu übersehen, ich soll nach einiger Zeit erneut nachfragen. Traurig fahre ich nach Wendenschloß zurück, aber schon unterwegs wird mir klar, daß ich morgen zu meiner Mutter fahren werde, irgendwie werde ich schon über die Grenze kommen. Auf jeden Fall will ich Weihnachten bei meiner Mutter verleben.

Mein Weg von Deutschland Ost nach Deutschland West führt zu meiner erneuten Inhaftierung

Am nächsten Tag begleitet mich mein Großonkel zum Bahnhof. Ich habe eine Postkarte an meine Mutter geschrieben, daß ich zunächst nicht kommen kann. Während ich die Karte in den Briefkasten werfe, denke ich daran, wenn meine Flucht gelingt, dann werde ich diese Post selbst in Empfang nehmen können, wenn es schief geht, hat Mutti noch ein paar Tage Schonfrist. Während ich mit meinem Großonkel auf dem Bahnsteig stehe, läuft ein Zug aus Stendal ein. Ein Waggon wurde sofort von der Bahnpolizei abgesperrt. Sanitäter kommen dazu, und die Passagiere werden teilweise mit Tragen abtransportiert. Man sagt, dieser Zug, der aus Westdeutschland kommt, sei bald hinter der Grenze von sowjetischen Soldaten überfallen worden. In der sowjetischen Besatzungszone fahren die Züge, die zur Westgrenze führen, immer nur etwa 50 Kilometer weit, dann muß man in den nächsten Zug umsteigen. Schon der Weg zur Grenze ist beschwerlich, zumal die Züge total überfüllt sind. Den Rucksack, das gängige Gepäckstück der Zeit, behält man auf dem Rücken, denn auf dem Fußboden ist wirklich kein Platz und im Gepäcknetz liegen teilweise Kinder, die Plattform und die dazugehörigen Stufen (Trittbretter) sind auch überfüllt, ja, ganz Sportliche sitzen sogar auf den Puffern. Bei einer solchen Teilstrecke trug eine junge Frau ihren Liebling, einen mittelgroßen Schäferhund, über der Schulter, denn auf dem Fußboden wäre er zertreten worden. Ich hatte das zweifelhafte Vergnügen, mit dem Hund Nase an Nase zu reisen und mußte damit rechnen, bei jedem Rucken des

Zuges die Hundeschnauze im Gesicht zu haben. Es wird fast alles duldsam ertragen, jeder weiß, daß die Verhältnisse nicht zu ändern sind. So komme ich in Etappen bis nach Ellrich im Südharz. Ich bin völlig sprachlos, wieviel Menschen die Grenzstation zum Ziel haben, und alle wollen in der kommenden Nacht über die Grenze. Am Wege liegt ein großer Gasthof mit Nebengebäuden, früher vielleicht Hotel, den sucht man auf, damit die Grenzsoldaten die Menschenmengen tagsüber nicht sehen. Nachts ist es dann soweit, viele gehen direkt auf der Hauptstraße zur Grenze, eine wahre Völkerwanderung. Es ist eine wirklich ganz dunkle Nacht, kein Schnee und ein bewölkter Himmel. Eigentlich günstig, aber meine Nachtblindheit ist jetzt ein großes Handikap für mich. Ich halte mich etwas abseits der großen Menge, aber ich kenne das Gelände gar nicht und erwarte die Grenze erst viel weiter westlich. Plötzlich gehen alle Stand- und ein Suchscheinwerfer an, letzterer trifft mich. Es folgen Warnschüsse in die Luft und das durchdringende russische Kommando »Stoj!« (Halt!). Das ist ein absolutes Gebot, wer dem zuwiderhandelt, gefährdet sich und andere. Dann ging alles sehr geübt und ganz schnell, wir wurden umstellt und unter scharfer Bewachung zum Abmarsch gezwungen. Statt in der ersehnten Freiheit landete ich erneut in Haft. Wir werden in eine umzäunte, langgestreckte und gut bewachte Baracke mit mehreren Gemeinschaftszellen, getrennt für Männer und Frauen, gebracht. Die dort vor uns eingelieferten Frauen berichten von Plünderungen und vereinzelt auch Vergewaltigungen. Mir stockt der Atem, es ist Mitte Dezember 1946, also 19 Monate nach der Kapitulation und zwei Jahre nach meiner Deportation; und noch immer, wenn auch vereinzelt, die gleiche Willkür und Schreckensherrschaft? Mir ist hier allerdings nichts passiert, und ich habe auch nichts dieser Art beobachtet.

Etwa drei Tage war ich in diesem Grenz-Gefangenenlager, dann werden wir zum Abmarsch aufgestellt, hier in

Dreierreihen, ich bin zufällig links außen, was sich als Vorteil erweisen wird. Bevor wir zur Hauptstraße kommen, es ist noch freies, unbebautes Gelände dazwischen, versuchen nacheinander zwei Herren zu fliehen. Beide werden mit dem Kolben niedergeschlagen. Aber es müssen noch weitere Leute abgesprungen sein, denn der Wachposten will immer wieder Straßenpassanten, die Rucksäcke tragen, in die Gruppe zwingen. Diese wehren sich natürlich gegen diese Willkür. Dann höre ich, wie der hintere Wachposten dem vorne marschierenden Posten in russisch zuruft: »Mach', daß sie schneller gehen, noch 500 Meter, dann kommen sie auf Lastwagen.« Es hatte sich die Parole verbreitet, daß wir in das Arbeitslager Wolfen kämen, wo zur nationalsozialistischen Zeit die V II im Untertagebau erstellt wurde. »Lastwagen«, »Arbeitslager«, diese Vorstellung gab mir den Mut, alles zu riskieren. Unsere Straße macht eine Biegung von etwa 45 Grad, hinter der Häuserzeile kann ich einen Hof mit gestapelten Brettern erkennen. Auf der linken Seite der Straßenabbiegung steht eine überdimensional breite Litfaßsäule. Wir gehen auf der linken Straßenseite, dicht an dem schmalen Bürgersteig. Der hintere Posten hat wieder Streit mit Passanten und der vordere dreht sich nicht um. Diesen Augenblick benutze ich, um in ein Haus zu springen. Die Haustür ist, gottlob, nicht verschlossen. Ich laufe nur den Korridor lang und will zu dem Hof mit den gestapelten Holzbrettern, aber ich lande in einem Schlafzimmer, das die Inhaberin gerade putzt. »Machen Sie, daß Sie wieder rauskommen«, schreit sie mir entgegen, und ich gehe, um mich zu stellen. Es war wie bei einem Orakel, und die Sphinx hatte gesprochen. Bevor ich die Haustür erreiche, öffnet sich eine andere Tür, und eine Hand zieht mich in das Zimmer. Dann ist wieder dieses Rauschen in den Ohren und die sich immer schneller drehenden Kreise vor den Augen. Als ich wieder zu mir komme, liege ich auf einer Chaiselongue, eine ältere, sehr freundliche Frau steht bei mir. Sie hat ein paar Kaffeebohnen geopfert und mir einen starken Kaffee zubereitet. Die Chaiselongue steht an der Wand gegenüber dem Fenster, und bei jedem Nagelstiefelschritt schrecke ich hoch. Nachdem ich mich beruhigt habe, und mich auch wieder stabil fühle, wird mir klar, daß ich nur am Tage die zweite Flucht riskieren kann. Die Frau beschreibt mir genau den Weg: Erst muß ich über den Eisenbahndamm, dann am ehemaligen Konzentrationslager vorbei bis zum Eisenbahntunnel, die Strecke wird nicht mehr befahren. Dann kommt der Tunnel, in ihm plündern die hier lebenden Polen die Menschen aus und oben drüber wird von den Sowjets scharf geschossen.

Ich mache einen ersten »Probespaziergang«. Ich sehe niemanden, und es herrscht die große Stille des Niemandlandes, eine bedrohliche Stille. Ich trage den hellen Kamelhaarmantel, keine gute Fluchtbekleidung. Ob der polnische Offizier, der mir beim Verlassen des sowjetischen Arbeitslagers die Decke schenkte, noch lebt? Mein erdfarbener Innenpelz wäre für diesen Gang besser, aber den gibt es nicht mehr; trotz Entlausungsschein hatten meine Verwandten wohl gewisse Befürchtungen. Einige in Rußland gestorbene Kameradinnen fallen mir ein. Ich darf mich jetzt nicht mit diesen Erinnerungen belasten, ich brauche jetzt alle Kraft und Konzentration. Diesmal muß es gelingen; ich habe doch nichts Unrechtes vor; es ist doch das Normalste der Welt, daß ich nach zwei Jahren Gulag Weihnachten bei meiner Mutter verleben möchte.

Ich gehe wieder zu meiner tapferen »Gastgeberin«, es gehört schon Mut dazu, eine Verfolgte aufzunehmen. Trotz der Kürze unserer Begegnung habe ich sie liebgewonnen. Aber in dieser Zeit läuft wohl alles im Zeitraffertempo ab, ein Tag bringt so viele Ereignisse, wie man sie normalerweise wohl nur in einem Monat verarbeiten könnte. Wir stehen uns gegenüber, wir haben beide feuchte Augen; ich bedanke mich, sie winkt schlicht ab, umarmt mich kurz und sagt: »Gott mit Ihnen, mein Kind.«

Mein Weg führt mich zunächst zum Bahndamm, ich springe schnell herüber und lande buchstäblich in den Armen eines Volkspolizisten. Der war vorher wirklich nicht da und offenkundig ist er auf Sichtweite auch der einzige Grenzschützer an dieser Stelle. Bevor er sprechen kann, sage ich gleich: »Ich war zwei Jahre in Sibirien, bin ordnungsgemäß entlassen und will jetzt zu meiner Mutter, die in Westdeutschland lebt.« Er ist sichtlich betroffen und sagt, daß ich aber 33,50 RM zahlen muß. Ich sage ihm wahrheitsgemäß, daß ich zwar 50 RM besitze, nach drüben gehe ich in jedem Fall, aber dann muß ich auf der anderen Seite der Grenze zu Fuß bis in den Raum Hagen/Westfalen gehen. »Ist schon gut«, er tritt einen Schritt zur Seite und dreht sich um, so daß ich hinter seinem Rücken meinen Weg fortsetzen kann. Dann kommt das Gelände des ehemaligen Konzentrationslagers, von dem nur noch ein Zaun steht. Dieser bietet zwar nur minimalen Sichtschutz, aber subjektiv fühlt man sich wohler als in ganz freiem Gelände. Da ist auch schon der Tunnel schwach erkennbar, und ich darf wieder einmal zwischen Leid oder Elend wählen. Was hatte Pfarrer Palm im sowjetischen Lager zu mir gesagt? »Wenn Sie das alles überleben wollen, brauchen Sie schon ein ganzes Geschwader Schutzengel.« Und kurz vor dem Tunnel begegne ich zweien, sie haben zwar keine Flügel; denn es sind zwei Ingenieure, auf dem Weg zu einer Firma in Kierspe/Westfalen, wo auch ich hin will: unfaßbar! Nun ist die Entscheidung einfach. Oben war die Luft zu »eisenhaltig«, das Ausplündern im Tunnel kann man eher überleben. Da die beiden mich rechts und links einhaken, spielt meine Nachtblindheit keine Rolle. Es ist ein langer Tunnel und nach einiger Zeit kann auch ich den hellen Flecken des Tunnels sehen, hinter dem die Freiheit winkt. Uns ist nichts passiert, offenkundig machen auch Wegelagerer einmal Mittagspause.

Als wir dann aus dem Tunnel in das helle Licht treten, sehe ich nur verschwommen einen uniformierten Menschen in lehmbrauner Uniform. Der Schreck, die Angst, die völlige Übermüdung und der Hunger – den ich damals zwar noch nicht wieder fühle, aber mein Blutzuckerspiegel ist wohl sehr gesunken – führen wieder zu kurzfristiger Bewußtlosigkeit. Im Aufwachen fühle ich, daß man immer wieder meine Wangen klopft und sagt: »Das ist ein Engländer, wir sind in Freiheit.«

Wir gehen die kurze Strecke nach Walkenried hinunter und dort in die Bahnhofsgaststätte. Nachdem ich mich etwas gewaschen habe, bestelle ich mir ein Glas Milch, die bekommme ich ohne Lebensmittelmarken. Die beiden Herren haben Westfälisches Schwarzbrot mit Schinken als Reiseproviant und teilen mit mir. Ich kann ohnehin nicht viel essen, aber danach geht es mir wesentlich besser. Dann lösen wir unsere Fahrkarten und fahren noch an diesem Abend bis Hannover. Dort übernachten wir, Männer und Frauen getrennt, im Bahnhofsbunker, eine furchtbare Unterkunft. Ich bin die Ängste der vergangenen Tage noch nicht los; solange man handelt, fühlt man sie nicht, das kommt erst hinterher. Am nächsten Morgen fahren wir schon früh nach Hagen. Wie gut, daß ich meine beiden Beschützer habe; da die Adresse meiner Mutter »Kierspe, Kreis Altena« lautet, wäre ich nach Altena gefahren. Bis Hagen kommen wir problemlos, aber dann wird's schwierig, denn 1946 verkehren am Sonntag in den drei Westzonen keine Nahverkehrszüge. Von Hagen bis Kierspe sind es etwa 40 Kilometer. Die beiden Herren kennen sich hier gut aus, eine Straßenbahn fährt bis Breckerfeld, das ist schon fast die Hälfte der Strecke und dann geht es zu Fuß weiter. Sonntags fahren auch keine Omnibusse oder zivile Autos. Nach neun Kilometern erreichen wir Halver und machen wieder eine Pause mit Westfälischem Schwarzbrot und Schinken. Und dann geht es weiter, nochmals etwa zehn Kilometer bis

Kierspe. Die Herren haben mir meinen Rucksack abgenommen und mich rechts und links eingehakt. So kommen wir nach Kierspe. Das Kinderheim liegt auf einer leichten Anhöhe. Sie bringen mich bis an den Fuß des kleinen Hügels und sagen: »Die letzten Meter wollen Sie wohl alleine gehen.« Und die schaffe ich auch, dann stehe ich vor dem Kinderheim und klingele. Eine Kindergärtnerin öffnet die Türe, freudig sagt sie bei meinem Anblick: »Sie sind die Tochter von Frau Goldau?« Sie nimmt mich an der Hand und läuft mit mir zu den Zimmern meiner Mutter. Sie hatte mich täglich erwartet, nur Sonntag nicht, weil dann ja keine Züge verkehren. Es ist Sonntag, der 2. Advent.

Schweigend fallen wir uns in die Arme und weinen Freudentränen. Dann sieht sie meine geschwollenen, und von den Rändern der halbhohen Russenstiefel wundgescheuerten Beine. Sie zieht mir die Stiefel von den Füßen; denn ich bin völlig erschöpft. Sie erschrickt, denn auch die Füße sind ganz wundgelaufen. Ich habe die Schmerzen kaum wahrgenommen, all meine Gedanken, meine ganze Konzentration waren nur darauf ausgerichtet, in die Freiheit zu gelangen und meine Mutter wiederzufinden. Wir sprechen und schweigen und weinen zusammen. Wie dicht liegen Glück und Schmerz beieinander. Der Schmerz um Vaters Tod ist unaussprechlich groß; man hatte ihm die Augen ausgestochen. Er hat sich danach noch in ein nahes Gebäude geschleppt, dort hat ihn eine Bäuerin betreut. Noch drei Tage hat er gelebt, am Ostersonntag des Jahres 1945 ist er verstorben, homo homini lupus! Meine Mutter will mir die Todesursache zunächst verschweigen, aber ich hatte zu viel Andeutungen gehört, ich will es unbedingt von ihr wissen. Trotz aller Frevel dieser Zeit wurde diese Tat als ungeheuerlich empfunden und verbreitete sich wie ein Lauffeuer unter der noch vorhandenen Bevölkerung. Unsere Leute haben Vater später exhumiert, der alte Gutstischler hat einen notdürftigen Sarg gebaut, und so wurde er auf unserem Familienfriedhof beigesetzt. Mutter war erschrocken und hatte Angst, weil so viele Menschen zu dieser geheimgehaltenen Umbettung gekommen waren. Man durfte sich damals nur im Umkreis von höchstens zehn Kilometern bewegen; Vaters Feldgrab war 20 Kilometer entfernt, und der größte Teil der Menschen hatte die Zehn-Kilometer-Sperre mißachtet. Auf unserem Gut lebte zu dieser Zeit schon der russische Kommandant, der mit der Ermordung nichts zu tun hatte. Er hat die Beerdigung gesehen und schweigend geduldet.

Seit ein paar Tagen stand schon ein Bett in Mutters kleinem Schlafzimmer für mich bereit. Ich bin körperlich sehr erschöpft, aber die unglaubliche Spannbreite der Gefühle hält mich wach. Spät in der Nacht bin ich dann doch eingeschlafen und schlafe sogar durch. Das wurde aber in den nächsten Tagen anders; Angstträume schreckten mich wiederholt aus dem Schlaf. Ich träume immer wieder, daß ich abgeholt werde, daß ich wieder in den Gulag muß. Da ich mich im Dunkeln nicht orientieren kann, schlafen wir die ersten Wochen bei Licht; dann kann ich meine Umgebung erkennen und der Spuk ist vorüber.

Nach den Erlebnissen beim Grenzübertritt und in der sowjetischen Besatzungszone will ich verständlicherweise nicht mehr zurück. Ich gehe also zum Gemeindeamt in Kierspe, dort erfahre ich folgendes: Da ich mit keinem Vertriebenentransport gekommen war, muß ich zunächst zum Durchgangslager Siegen. Das dauerte, Gott sei Dank, nur zwei Tage, dann habe ich meine Papiere, daß ich frei von ansteckenden Krankheiten und entlaust worden bin. Außerdem konnte ich als Flüchtling aus der sowjetischen Besatzungszone nur die Aufenthaltsgenehmigung bekommen, wenn ich Arbeit und Wohnraum nachweisen kann. Familienzusammenführung oder ähnliche Erleichterung gab es 1946 noch nicht.

War es Zufall oder Fügung, ich lerne in den nächsten Tagen Herrn Dr. med. Wernscheid, Arzt für Innere Medizin mit Praxis in Kierspe, und seine Frau kennen. Das Ehepaar zeigt großes Interesse daran, woher ich komme und was ich vorhabe. Ich benutze die Gelegenheit, mich bei dem Ehepaar Wernscheid nach Schwesternschulen in der Umgebung zu erkundigen. Herr Dr. Wernscheid kennt das Kinderheim, aber er läßt sich ausführlich meine Adresse und Personalien aufschreiben, und mit dem Hinweis, daß ich von ihm hören werde, verabschieden wir uns. Am 23. Dezember 1946, nach vorherigem Anruf, besucht Frau Wernscheid meine Mutter und mich, und macht mir das Angebot, ab 2. Januar 1947 in der Praxis als Sprechstundenhilfe anzufangen. Meinen Hinweis: »Aber ich verstehe nichts davon«, tut Frau Wernscheid mit einer Handbewegung ab und sagt: »Mein Mann und ich sind der Ansicht, daß Sie das schnell lernen werden.« Das ist das größte Weihnachtsgeschenk, nun ist alles klar, das marxistische System kann mir nichts mehr anhaben, ich fühle mich gerettet und geborgen. Dr. Wernscheid und seine Frau sind in jeder Beziehung außergewöhnliche Persönlichkeiten, ich habe vollen Familienanschluß, meine Mutter lebt 500 Meter von mir entfernt, und Hellmuts Vater zeigt volles Verständnis für meine Entscheidung. Über zwei Jahre bin ich bei Wernscheids.

Bewußt genieße ich den Anblick der lieblichen sauerländischen Winterlandschaft. Manchmal vermischt sich dieses Bild aber mit der weiten Schneelandschaft im Norden der Sowjetunion, und mir fällt eine von dem sowjetischen Schriftsteller Juriy Trifonow geschaffene Metapher für die Zeit der Unterdrückung ein: »Der Korridor war dunkel, er schien endlos zu sein.« Ich habe diesen dunklen, langen Korridor nun durchschritten, für mich ist er Vergangenheit. Aber ich denke traurig an Hellmut und an alle anderen Leidensgefährten und -gefährtinnen im Gulag, die das Licht am Ende des Korridors noch nicht erkennen können oder vielleicht nie erreichen.

Und die Überlebenden? Sie kehren nicht nur körperlich

geschunden zurück, die seelischen Verwundungen wiegen noch schwerer. Die Eindrücke sind zu tief, als daß sie vergessen werden könnten. Merkwürdigerweise entsinnt man sich zunächst im Wachzustand vorwiegend der wenigen Lichtblicke dieser Zeit, der Kameradschaft und der mutigen Hilfe durch Außenstehende. Das Grauen und die permanente Bedrohung wird wohl verdrängt, sie tauchen nur in den Träumen auf. Das geht so weit, daß mir eine Patientin, die mir wiederholt berichtet hatte, wieviel Handtücher und Bettwäsche bei der Plünderung in Kierspe verloren gegangen sind, sagte: »Sie sind immer so fröhlich, Sie haben bestimmt noch nie etwas Schlimmes erlebt«. Sie erschrak dann unsagbar, als ich ihr erzählte, woher ich komme.

Bis zu einem gewissen Grade hat die Verdrängung wohl eine Schutzfunktion. Woher soll man denn sonst die Kraft nehmen, um in diesem entwurzelten neuen Leben die Ereignisse aufzuarbeiten. Mir stellt sich auch trotz der hier relativ heilen Welt nie die Frage, warum gerade ich das alles erleiden mußte. Natürlich gibt es Tage, an denen mich die Vergangenheit und die Sorge um Hellmut niederdrücken. Aber dann siegt doch der Gedanke: »Ich durfte überleben.« Und daraus erwächst eine vorher nie geahnte Kraft, ein gesundes Selbstvertrauen und die Hoffnung, daß auch Hellmut es schaffen wird.

Am zweiten Advents-Sonntag 1948, am späten Abend, kommt ein Telegramm von Hellmut aus Frankfurt/Oder mit der Nachricht, daß er aus der Kriegsgefangenschaft entlassen werde, aber in der sowjetischen Besatzungszone nach Annaberg im Uranbergbaugebiet als Chefarzt dienstverpflichtet sei. Ich wäre bereit, hinüberzugehen, aber Hellmut will erst die Lage sondieren, er hofft, daß wir Weihnachten gemeinsam verleben können. Diese Hoffnung erfüllt sich nicht, aber nach Weihnachten gelingt auch ihm die Flucht in die britische Besatzungszone, er kommt direkt zu mir nach Kierspe. Am 30. Mai 1949 heiraten wir in Köln, und hier am

»Vater Rhein« beziehen wir unsere erste kleine, gemeinsame Wohnung. Hellmut hat die Möglichkeit, als Überbrückung eine wissenschaftliche Tätigkeit zu übernehmen. Damit endet unsere lange, teilweise gemeinsame Odyssee.

Wenn ich von zu Hause spreche, dann ist es noch immer Schönwiese in Ostpreußen, aber wir haben eine neue Heimat gefunden. Diese ist allerdings nicht mehr an den Ort gebunden, sondern an unser gemeinsames Leben und an die Menschen unserer Umgebung, die uns liebevoll annehmen.

Ein Jahr nach der Geburt unseres jüngsten Kindes, an unserem siebenten Hochzeitstag, stirbt Hellmut, nach langer Krankheit, an den Folgen der Gefangenschaft.